w_orten
& meer

Marion Kraft: Empowerment und Widerstand. Inspirierende Begegnungen mit Audre Lorde

1. Auflage, Hiddensee: w_orten & meer, 2021
ISBN 978-3-945644-24-9

Der Band ist zuerst auf Englisch erschienen beim UNRAST-Verlag unter dem Titel:
Empowering Encounters with Audre Lorde. © UNRAST-Verlag Münster 2018

Übersetzung: Marion Kraft
Cover und Satz: bureau zanko
Druck: Oktoberdruck GmbH, Berlin

Dieser Band wurde umweltfreundlich gedruckt:

- auf 100% Recyclingpapier, FSC-zertifiziert mit dem Blauen Engel
- mit mineralölfreien Druckfarben ohne Isopropanol
- ohne Folie kaschiertes Cover
- uneingeschweißt

FSC www.fsc.org RECYCLED Papier aus Recyclingmaterial FSC® C105965

Umfassende Nachhaltigkeit in Bezug auf natürliche Ressourcen und soziales Miteinander ist Verlagskonzept: Strom und Gas für das Büro beziehen wir über Greenpeace Energy, wir reparieren, statt neu zu kaufen, unser Bürobedarf ist ökologisch, und wir versuchen alle Arbeitsprozesse möglichst fair zu gestalten. Wir setzen uns ein für ein wertschätzendes und ressourcenschonendes Sein in Welt.

Printed in Germany.

w_orten & meer GmbH
Verlag für verbindendes diskriminierungskritisches Handeln
Süderende 86, 18565 Insel Hiddensee
Email: kontakt@wortenundmeer.net
www.wortenundmeer.net

Bibliografische Information der Deutschen Nationalbibliothek:
Die Deutsche Nationalbibliothek verzeichnet dieses Publikation in der Deutschen Nationalbibliografie; detaillierte bibliografische Daten sind im Internet über https://portal.dnb.de abrufbar.

Marion Kraft

Empowerment und Widerstand

Inspirierende Begegnungen mit Audre Lorde

w_orten & meer

Inhalt

Für Josephine

Audre Lorde
in Memoriam

Vorwort zur deutschen Ausgabe

Audre Lordes Einfluss auf den Schwarzen Feminismus, internationale Frauen*-und Befreiungsbewegungen und auch auf Schwarze Communitys in Deutschland bleibt unumstritten. Davon zeugen nicht nur diverse Publikationen, Filme und zahlreiche Websites, sondern auch Projekte und Veranstaltungen. So hat z. B. das 1994 gegründete *NYC LGBT Historic Sites Project* in einer Straße auf Staten Island, New York, wo Lorde von 1972 bis 1987 lebte, ein Straßenschild, »Audre Lorde Way« installiert. Auch in Berlin gibt es Initiativen für eine Audre-Lorde-Straße, und 2019 erschien in der *New York Times* ein ausführlicher Artikel zu »Audre Lorde's Berlin«, der sich auf den Film *Audre Lorde – The Berlin Years* und die *Audre Lorde in Berlin Online Journey* bezieht. Lorde war auch eines der Gesichter, das 2019 die Pride Woche und die Christopher Street Parade in Berlin prägte.

Die hier vorliegende Sammlung ausgewählter alter und neuer Essays aus meinen eigenen Publikationen erschien anlässlich des 25. Todestages von Audre Lorde zunächst auf Englisch im Unrast Verlag. Für die deutsche Ausgabe wurden einzelne Texte um einige aktuelle Entwicklungen ergänzt. Das Buch ist eine Hommage an Audre Lorde aus einer politischen, literaturkritischen und persönlichen Perspektive und erscheint hier erstmals auf Deutsch. Damit entspreche ich einem auf Buchpräsentationen häufig geäußerten

Wunsch, in der Hoffnung damit einen weiteren Beitrag zu einer feministischen Erinnerungskultur und für ein Schwarzes Wissensarchiv in Deutschland zu leisten.

Marion Kraft,
Berlin, im Frühjahr 2021

Einleitung

Vor fast drei Jahrzehnten, am 17. November 1992, erlag die international anerkannte Schwarze lesbische Autorin, Dichterin und Aktivistin Audre Lorde im Alter von 58 Jahren ihrem langen Krebsleiden in ihrem Haus auf St. Croix, U.S. Virgin Islands. Wenige Wochen zuvor hatte sie sich von ihren Freundinnen* in Berlin verabschiedet. Für viele von ihnen war sie in unterschiedlicher Weise eine Inspiration. Für die Schwarze Frauen*bewegung in Deutschland, der sie in den 1980er Jahren wichtige Impulse gegeben hatte, bedeutete ihr Tod einen großen Verlust. Doch bis heute sind ihre Weisheit und ihre Worte präsent, und ihr Einfluss und Erbe sind in den letzten Jahren in Büchern, Essays und Filmen in den USA, in verschiedenen europäischen Ländern und auch in Deutschland dokumentiert worden. Über viele Jahre hinweg gehörten zu meinen eigenen Publikationen Interviews mit Audre Lorde, Essays über ihre Werke und Übersetzungen von ihr ausgewählten Gedichten ins Deutsche. Nach Jahren persönlicher Verbundenheit mit ihr fühle ich mich verpflichtet, sie mit dieser Textauswahl zu ehren. Fünf der hier enthaltenen Essays basieren auf bis dahin unveröffentlichten Manuskripten, die anderen wurden zwischen 1995 und 2015 geschrieben und auf Englisch publiziert. Das Interview in diesem Band ist inzwischen zu einem Klassiker geworden und wurde bereits mehrfach auf Deutsch und auf Englisch nachgedruckt. Es entstand im Sommer

1986 in Berlin und markiert den Beginn einer bleibenden Freundinnenschaft in schwesterlicher Verbundenheit.

Dieser Band wird mit einem Essay über Gleichheit und Differenz eröffnet. Es wurde zuerst auf Englisch 2015 in dem von Gloria I. Joseph, Audre Lordes ehemaliger Partnerin, herausgegebenen Sammelband *The Wind Is Spirit* veröffentlicht. »Beim erneuten Lesen von *Sister Outsider*« erschien erstmalig 2015 in der englischen Originalversion des vorliegenden Bandes. Es thematisiert die Aktualität von Audre Lordes Philosophie in ihrer bahnbrechenden Essaysammlung aus dem Jahr 1984, die immer noch eine Quelle der Inspiration und des Empowerments für viele Menschen auf der Welt ist. »Zwischen Aversion, Alibi und Anerkennung: *W*eißer Feminismus und die Literatur Schwarzer Frauen* in Deutschland« ist das Transkript eines Vortrags, den ich 1988 auf der Feminist Book Fair in Montreal gehalten habe. Dieser war sehr inspiriert von Audre Lorde, mit der ich an dieser Tagung teilgenommen habe. Der Vortrag wurde ein Jahr später veröffentlicht in *Trivia – A Journal of Ideas*. Die Analyse von *Zami – Eine neue Schreibweise meines Namens* ist ein Kapitel aus meinem Buch *The African Continuum and African American Women Writers*, das 1995 im Peter Lang Verlag veröffentlicht wurde. Als ich nach mehr als zwanzig Jahren *Zami* nochmals las, war ich erneut fasziniert von der brillanten Komposition, der poetischen Sprache und der politischen und historischen Bedeutung dieses Buches. Meine Analyse dieses Textes spiegelt auch das Denken und den Diskurs Schwarzer Feministinnen* im ausgehenden 20. Jahrhundert wider. In dem neuen Essay »Eine Quelle der Macht: Transkulturelle Übersetzungen« diskutiere ich die Schwierigkeiten und Herausforderungen bei der Übersetzung politischer und literarischer Texte aus unterschiedlichen Kulturkreisen – und die Bedeutung auf diesem Weg Audre Lordes Werke einem breiteren Publikum in Deutschland zugänglich zu machen. »›Der Traum von Europa‹ – Eine Re-Definition« befasst sich ebenfalls mit Aspekten transkultureller Übersetzungen. Gleichzeitig werden eurozentristische Sichtweisen dekonstruiert und Audre Lordes Visionen von Veränderung, der Überwindung von Grenzen und der Bedeutung von Koalitionen aufgezeigt. »Interkulturelle Begegnungen – Audre Lordes Verbindungen zur Black Community in Deutschland« erschien zuerst 2016 in der von Sharmilla Beezmohun herausgegebenen Sammlung *Continental Shifts, Shifts in Perception*. In diesem Artikel diskutiere ich auch den Dokumentarfilm *Audre Lorde – The Berlin Years* und hebe die Bedeutung Audre Lordes für Schwarze Bewegungen in Deutschland hervor. »Schwesterliche Bindungen – Brechen des Schweigens« erschien in der englischen Originalfassung 2015 in *Audre Lorde's Transnational Legacies*, herausgegeben von Stella Bolaki und Sabine Broeck. Es ist eine Erinnerung an verschiedene Begegnungen mit Audre Lorde und an viele Momente der Inspiration. Das nachfolgende Interview »Vom kreativen Nutzen der Verschiedenheit« bietet einen kondensierten Überblick über Audres Philosophie, ihre Ansichten über die Funktion von Dichtung, Lehren und Lernen, über Differenz, Emotionalität, Rationalität und Empowerment durch alte afrikanische Spiritualität. Für mich ist es eine bleibende Quelle der Inspiration. »Gamba Adisa – Bedeutsame Namen« war mein Beitrag zu der »Celebration of Life« Gedenkfeier im Haus der Kulturen der Welt in Berlin am 6. Februar

1993. Für Les*erinnen, die weniger vertraut sein mögen mit dem Leben, Werk und dem Erbe Audre Lordes und ihrem großen Einfluss auf Schwarze Bewegungen in Deutschland, kann es als Ausgangspunkt für weitere Lektüren und Studien dienen. »Audre Lordes lebendiges Erbe in Deutschland« ist eine gekürzte und leicht überarbeitete Version eines Essays, das im Februar 2014 auf der Website des *Feminist Wire* erschien, auf der eine internationale Community feministischer Auto*rinnen, Wissenschaft*lerinnen und Aktiv*istinnen Audre Lorde anlässlich ihres 80. Geburtstags ehrten. »*The Wind Is Spirit*: Eine Würdigung« ist eine Rezension der 2015 erschienen Bio/Anthologie, geschrieben und herausgegeben von Gloria I. Joseph. Dieses brillante Buch bietet ein holistisches Porträt des Lebens und Werks Audre Lordes. Es enthält diverse Stimmen von Menschen aus aller Welt, die von dieser großartigen Autorin* inspiriert und bestärkt wurden. Beim Schreiben der Würdigung für diesen Sammelband war es für mich sehr bewegend, die verschiedenen Erinnerungen so vieler Aktiv*istinnen, Auto*rinnen und Wissenschaft*lerinnen über ihre Begegnungen mit Audre Lorde zu lesen. Ich hatte das Privileg, vielen dieser Auto*rinnen, die Audre Lordes Erkenntnisse bis heute weitertragen, persönlich begegnet zu sein.

In der vorliegenden Sammlung gibt es einige sich überschneidende Aspekte in den einzelnen Texten. Ich habe bewusst jedoch nur wenige Kürzungen an den Originalen vorgenommen, da jeder einzelne Beitrag auf seine Weise dokumentiert, wie gültig Audres Philosophie und ihr Einfluss über Jahre hinweg geblieben sind. Der abschließende Essay in diesem Band reflektiert meine Erinnerungen beim wiederholten Lesen privater Briefe von Audre Lorde, in denen sie verschiedene Aspekte thematisiert: Persönliche Erfahrungen, die internationale Schwarze Frauen*-Bewegung, das Lehren der Literatur Schwarzer Frauen*, Feministische* Bewegungen in den USA, Europa und Deutschland, Umweltkrisen, ihren Kampf gegen Krebs und ihre Visionen für eine bessere Zukunft. Diese Briefe werden zu einem späteren Zeitpunkt dem Audre Lorde Archiv an der Freien Universität Berlin gespendet als Beitrag zu den Quellen für weitere Forschungsarbeiten. Sie stehen in Bezug zu den anderen Essays in diesem Band und sind ein Beispiel für den Zusammenhalt von Frauen* der afrikanischen Diaspora über Grenzen hinweg.

Marion Kraft,
Bielefeld, 2018

Über Gleichheit und Verschiedenheit: Inspirationen durch Audre Lorde

1974, während meines Studiums und meiner Lehrtätigkeit an der Ohio State University machte mich ein afroamerikanischer Kollege mit den Werken Schwarzer Frauen* vertraut, mit Büchern, die noch selten auf den Leselisten US-amerikanischer Literaturstud*entinnen zu finden waren und in deutschen Lehrplänen noch völlig fehlten. Unter diesen Büchern, in denen ich so viele Aspekte des Lebens Schwarzer Frauen fand, war Audre Lordes Gedichtband *From a Land Where Other People Live* (Aus einem Land, in dem andere Menschen leben).[1]

Nach Ablauf meines Lehrauftrags verließ ich das Land meines afroamerikanischen Vaters und kehrte nach Deutschland zurück. In den politisch turbulenten Zeiten der späten 1970er Jahre engagierte ich mich in verschiedenen linken und feministischen Organisationen, in denen eine selbsternannte Avantgarde behauptete, sich für positive Veränderungen einzusetzen. Allzu oft musste ich jedoch feststellen, dass die Befreiungskämpfe kolonialisierter Länder häufig

1 Audre Lorde, 1973. Die Gedichte dieses Bandes wurden neuaufgelegt in *Undersong. Chosen Poems Old and New*, 1992. Auf Deutsch sind einige davon erschienen in *Die Quelle unserer Macht*, 1994 und 2020.

instrumentalisiert wurden, dass Rassismus in Deutschland nicht thematisiert wurde und Feminismus nur *weiße* privilegierte Frauen* zu betreffen schien. Ich begann mich intensiv mit der Literatur Schwarzer Frauen* zu befassen, und über viele Jahre hinweg begleiteten mich dabei einige Zeilen aus Audres Gedicht *For Each of You* (Für jede von euch):

> Sei wer du bist und sein wirst
> lerne
> den ungestümen Schwarzen Engel zu achten,
> der dich
> an einem Tag emporhebt und am nächsten fallenlässt
> den Ort schützt an dem deine Kraft entspringt
> fließend wie heißes Blut
> aus derselben Quelle
> wie dein Schmerz.[2]

---

2 Audre Lorde 2020, S. 80-83.

Abb. 1: Audre Lorde bei einer Lesung mit Marion Kraft in Bielefeld, 1987.

In den frühen 1980er Jahren unterrichtete ich an einem Oberstufen-Kolleg, wo es mir möglich war, Lehrpläne für Englisch- und Literaturkurse zu entwerfen. Ich war entschlossen, die Stimmen Schwarzer Frauen* in der Literatur in Deutschland hörbar zu machen. Zwar waren deren große literarische Errungenschaften zu einigen wenigen Verlagen und Wissenschaft*lerinnen in Deutschland vorgedrungen, blieben allgemein aber marginalisiert und vernachlässigt, selbst innerhalb der *weißen* feministischen* Bewegung. Ich selbst wollte nicht einen weiteren post-strukturalistischen oder psychoanalytischen Ansatz zu diesem Diskurs beitragen, in dem, wenn überhaupt beachtet, die Schwarze Protagonistin in der Regel nur als Opfer gesehen wurde. Mich interessierten die Macht der Sprache, die Re_visionen der Geschichte und die Quellen der Stärke in diesen Werken. Es war bewegend und aufregend für mich, im Rahmen meiner Forschungsarbeiten mehr über Audre Lorde und ihr Werk zu erfahren.

Am meisten faszinierte mich die Vielfalt an Themen in Audres Werken: Fragen von Identität und Differenz; Afrika als das Zentrum eines vielfältigen kulturellen Erbes; die Karibik als Drehscheibe der afroamerikanischen Kultur und Tradition: der Kampf gegen Rassismus und Unterdrückung; die Betonung von Emotion und Erotik als Quelle der Macht; die Liebe und heilende Kraft von Frauen*. Ebenso war ich fasziniert von ihren Bildern afrikanischer Frauen in der Diaspora, Bilder von Unterdrückung aber auch von Widerstand und Stärke. Diese Erfahrungen haben dazu beigetragen, dass im Fokus meiner Dissertation über die Literatur Schwarzer Frauen das Kontinuum ihres afrikanischen Erbes stand.

Zu dieser Zeit wusste ich nicht, das Audre Lorde vorübergehend in Berlin weilte, wo sie den Zusammenschluss junger Schwarzer Frauen* initiiert und diese zur Veröffentlichung des Buches *Farbe bekennen. Afro-deutsche Frauen auf den Spuren ihrer Geschichte* inspiriert hatte. Kurze Zeit darauf traf ich zwei der Herausgeberinnen*, die Autorin May Ayim und Dagmar Schultz, Verlegerin einiger von Audres Werken in Deutschland, auf einer Frauenkonferenz in Hamburg, und sie luden mich nach Berlin ein, um dort ein Interview mit Audre Lorde zu führen. Ich sagte sofort zu, und als ich Audre traf, war ich nahezu überwältigt von ihrer Herzlichkeit, ihrer Offenheit und ihren Ansichten, die mich auch als Lehrende sehr überzeugten. Als ich sie darauf ansprach, dass sie Unterrichten einmal als »Überlebenstechnik« bezeichnet hatte, sagte sie: »Ich denke, dass wir die Dinge am besten unterrichten, die wir für unser eigenes Überleben lernen müssen. Auf diese Dinge zurückzugreifen und sie dann weiter zu geben, wird zu einem verbundenen Prozess. Ich glaube, dass wir uns dadurch weiterentwickeln, dass wir nicht von dem Inhalt eines Buches lernen, sondern von der Interaktion, die zwischen dem stattfindet, was in dem Buch steht und was in uns selbst ist.«[3] Diese Art der Interaktion hatte auch mich als Schwarze Lehrende überwiegend *weißer* Stud*entinnen in Deutschland lebendig gehalten, in meinem Bestreben, durch Sprache und Literatur Gleichheit, Differenz und Diversität in verschiedenen kulturellen Kontexten zu vermitteln.

Diese Bedeutung der Interaktion wurde auch in Audres Lesungen deutlich. Da war nicht nur die Stimme der Dichterin, die die Herzen

3 Peggy Piesche, 2012, S. 225.

und das Bewusstsein ansprach, die Schwarze Sängerin, »mit zwei Trommeln auf dem Kopf«[4], sondern auch die Lehrerin*, die nicht dozierte, sondern kommunizierte und ihr Publikum dazu anregte, Lösungen zu den Fragen des eigenen Lebens selbst zu finden und die Wahrnehmung von sich selbst und anderen zu überprüfen. Die Lesungen, die ich in der Folgezeit in Deutschland für sie organisierte, vermittelten diesen Geist einer diversen Zuhör*erinnenschaft, von der sie einmal sagte, »[...] aus diesem Selbst heraus schreibe ich für alle, die meine Worte nutzen können.«[5]

Nutzen aus Audres Worten zu ziehen bedeutete Interaktion und Aktion. Im Sommer 1990 traf ich mich mit Audre und unseren gemeinsamen Freundinnen* Gloria I. Joseph, Andrée Nicola McLaughlin und Helga Emde auf St. Croix, um erste organisatorische Schritte für das *Fifth Cross-Cultural Black Women's Studies Summer Institute* in Deutschland zu treffen. Dieses fand 1991 drei Wochen lang in Frankfurt am Main, Bielefeld und Berlin statt.

Es nahmen über hundert Schwarze Frauen* und Frauen* of Color von allen fünf Kontinenten teil sowie einige *w*eiße Frauen*, hauptsächlich von den Veranstaltungsorten. Die Veranstaltung erhielt beachtliche Unterstützung von verschiedenen Organisationen und Institutionen und große Aufmerksamkeit in der lokalen und überregionalen Presse. Dieses Ereignis war eine wichtige Erfahrung für alle Teilnehmerinnen*, insbesondere aber für die Schwarzen deutschen Frauen*, die gerade erst ein paar Jahre zuvor begonnen hatten,

---

4 Aus dem Gedicht »Dahomey«, in *The Black Unicorn*, Lorde, 1978, S. 10 f.

5 Vgl. das Interview »Vom kreativen Nutzen der Verschiedenheit – Ein Gespräch mit Audre Lorde« in diesem Band.

Abb. 2: Eröffnung des *5th International Cross-Cultural Black Women's Studies Institute* am 3. August 1991 in Frankfurt am Main.

sich zu organisieren. Zunächst war mir die Herausforderung diese Veranstaltung zu organisieren und zu leiten zu groß erschienen, aber in Kooperation mit Helga Emde (ISD – Initiative Schwarzer Menschen in Deutschland) und mit Unterstützung einiger Frauen von ADEFRA (Afro-deutsche Frauen) – Initiative Schwarze Frauen in Deutschland e. V., unter ihnen die Mitbegründerinnen* Ria Cheatom, Jasmin Eding und Judy Gummich, wurde es möglich, Schwarzen Frauen* aus aller Welt eine Stimme und eine Plattform in Deutschland zu geben. Die Konferenz fand zwei Jahre nach dem Fall der Mauer statt, der eine größere Freiheit für einen Teil der Deutschen bedeutete, aber auch eine neue Welle rassistischer Gewalt in Deutschland mit sich brachte. Beim Rückblick auf dieses Ereignis fällt mir der Titel eines von Audres Gedichten ein: »Who Said It Was Simple?«[6] (Welche Person sagte, es würde einfach sein?)

Es war nicht einfach. Während der Veranstaltung war Audre in Berlin, aber sie war zu schwach, um teilzunehmen. Ich besuchte sie anschließend und wir sprachen über den Erfolg der Konferenz, aber auch über die verschiedenen Differenzen zwischen den Teilnehmerinnen* – Differenzen, die auf unterschiedlichen Herkünften basierten, aber auch auf Alter, sexueller Identität, Sprache und Nationalität. Wie immer lag ihr Fokus auf ihren positiven Visionen von der Zukunft, und sie sagte, dass jenseits aller Widersprüche all die Frauen*, die dieses Ereignis ermöglicht hatten, offensichtlich die Notwendigkeit der Zusammenarbeit erkannt hätten, auf Veränderungen hinzuwirken für eine Zukunft, die wir teilen können. Im Rückblick erinnert mich das an eine ihrer Lesungen in Berlin einige Jahre zuvor, bei der sie – an *weiße* Frauen* und Schwarze Feministinnen* gerichtet – sagte: »Ihr müsst meine Verschiedenheit akzeptieren – und ich muss eure Verschiedenheit akzeptieren. Nur so können wir zusammenarbeiten«.

Verschiedenheiten unter Menschen, unter Frauen* sind vielfältig. Eine davon ist Sprache und das unterschiedliche kulturelle Erbe, das über sie transportiert wird. Bereits 1988 hatte Audre mich gefragt, ob ich eine Auswahl von ihren Gedichten ins Deutsche übersetzen wolle. Ein erneutes Mal war ich zögerlich, nicht weil ich das nicht gerne übernehmen wollte, sondern weil ich mich fragte, wie ich den Gesang der machtvollen Stimme einer Schwarzen Frau*, die sich

---

6 Audre Lorde, 1992, S. 95.

als kriegerische Dichterin bezeichnete, in eine Sprache übertragen könnte, die oft rau, oder im besten Fall beschönigend daher kam und die kaum Wörter hatte für Bilder von den Erfahrungen Schwarzer Frauen* und ihres kulturellen afrikanischen Erbes. Aber gerade dies war eine spannende Herausforderung. Sie bot die Chance, Audre Lordes Stimme einem Publikum zu vermitteln, an das sie wahrscheinlich ursprünglich nicht gedacht hatte. Ich erinnerte mich an ihre Worte über Differenz und die Bedeutung von Koalitionen. In Sigrid Markmann, einer ehemaligen Kollegin* an der Universität Osnabrück (wo ich 1990 eine Gastprofessur hatte), fand ich eine engagierte Co-Übersetzerin* und Bewunderin* der Werke Audre Lordes, mit der es möglich war, konstruktiv über Grenzen von Verschiedenheit hinweg zusammenzuarbeiten. Gemeinsam mit dem Orlanda Frauenverlag entschieden wir uns für eine zweisprachige Ausgabe, die einerseits die Stimme der Dichterin lebendig erhalten, anderseits sie für Les*erinnen erfahrbar machen sollte, die in einem anderen sprachlichen und kulturellen Kontext aufgewachsen waren und lebten. Dieses Buch, für das Audre die Gedichte noch persönlich ausgewählt hatte, erschien 1994.[7] Audre Lorde hat das Erscheinen nicht mehr erlebt. Unabhängig von der Verbreitung dieses Bandes war es für mich sehr positiv zu erfahren, dass Lehrende es an Gymnasien und in Universitäts-Seminaren benutzt haben, um ihre Lernenden mit der Kraft der Poesie und der Bedeutung von Differenz und Akzeptanz bekannt zu machen.

»Am besten unterrichten wir die Dinge, die wir für unser eigenes Überleben lernen müssen« ist über viele Jahre hinweg eine meiner

---

7 Audre Lorde, 1994 und 2020.

Richtlinien als Lehrende geblieben. Ich habe gelernt, wie wichtig es ist zuzuhören, voneinander zu lernen und sich gegenseitig zu respektieren, um gemeinsam agieren zu können. Audre Lorde, die dies nicht nur unterrichtete, sondern lebte, hatte darauf einen großen Einfluss. Sie hat viele Menschen in verschiedenen Teilen der Welt inspiriert und bestärkt. In Deutschland, wo die Leben Schwarzer Frauen* lange Zeit von Isolation und Marginalisierung geprägt waren, waren ihre Präsenz und ihre verschiedenen Initiativen für das Brechen des Schweigens besonders wichtig. Ihr positiver Einfluss basierte auf ihrer Offenheit, Ehrlichkeit, ihrem Selbstverständnis und ihrer Akzeptanz von Verschiedenheit, vor allem aber auf ihrer Vision von einer Zukunft ohne Unterdrückung und Diskriminierung. Wann immer Momente der Erinnerung an sie meine Gegenwart erreichen, stelle ich mir eine solche Zukunft vor, in der »der kreative Nutzen der Verschiedenheit« weiterhin dazu beiträgt, positive Veränderungen zu erreichen.

Beim erneuten Lesen von »Sister Outsider«

1977 hielt Audre Lorde einen Vortrag bei der Modern Language Association,[8] in dem sie ausführte, dass sie sich der Tatsache ihrer Sterblichkeit nach der Entfernung eines Brusttumors bewusst wurde, und dass es möglich war, Furcht zu einer Perspektive des Handelns umzuwandeln. Diese Rede beinhaltet ihren berühmten oft zitierten Satz: »Meine vielen Momente des Schweigens haben mich nicht geschützt. Euer Schweigen schützt euch nicht.« Als ich diesen Text 1984 kurz nach seiner Veröffentlichung in *Sister Outsider* las, hatte ich an dem Kolleg, an dem ich seit 1982 Englisch und Literatur unterrichtete, begonnen, für einen neuen Frauen*studiengang einen Kurs zur Literatur Schwarzer Frauen* zu entwickeln. Seit einiger Zeit war ich schon von den Werken Schwarzer Auto*rinnen fasziniert und inspiriert. Dennoch zögerte ich zunächst, diese für den Lehrplan vorzuschlagen. Bald wurde mir klar, dass mein Zögern darauf beruhte, dass ich als einzige Schwarze Lehrende an dieser Einrichtung befürchtete, meine Vorschläge könnten nicht als Bereicherung durch Diversität, sondern als individuelles Interesse verstanden werden. Nach erneuter Lektüre von Lordes Essay wurde mir aber auch bewusst, dass dies kein Widerspruch war, und dass der feministische Slogan »das Persönliche ist politsch« nicht nur auf *weiße* Frauen*

8 »The Transformation of Silence into Language and Action«. Auf Deutsch in: Audre Lorde, *Sister Outsider*, 2021, S. 34-39.

zutraf. Dies bedeutete für mich eine weitere Dimension der Sichtbarkeit und ein Brechen des Schweigens, zu dem Audre Lorde in »Die Verwandlung von Schweigen in Sprache und Handeln« bemerkt:

> Im Namen des Schweigens entwickelt jede von uns ihre eigenen Ängste – vor Verachtung, Kritik oder Bewertung, vor Anerkennung, vor Herausforderungen und vor der Auslöschung. Vor allem fürchten wir wohl die Sichtbarkeit, ohne die wir nicht wirklich leben können. [...] Selbst innerhalb der Frauenbewegung mussten und müssen wir noch immer für diese Sichtbarkeit kämpfen, die uns gleichzeitig so verletzlich macht – unser Schwarzsein. Denn um [...] zu überleben, mussten wir zunächst eine entscheidende Lektion lernen: Wir waren nie zum Überleben bestimmt.[9]

Diese Worte waren an die Frauen*bewegungen in den akademischen Strukturen in den USA in den späten 1960er und 1970er Jahren gerichtet, insbesondere an Schwarze Feministinnen*. Zwei Jahrzehnte später sollten sie meine eigenen Erfahrungen als Schwarze Frau in Deutschland beschreiben. Meine isolierten Ansätze Schwarze Frauen*studien in die Lehrpläne eines fast hundertprozentigen *weißen* Kollegs einzuschreiben, müssen vermessen angemutet haben. Aber die Stud*entinnen waren sehr interessiert, und einige von ihnen sogar enthusiastisch, und es gab zumindest ein wenig Unterstützung einiger Kolleginnen*. Ich entwickelte und

9 Ebd. S. 36 f.

unterrichtete drei Kurse und veröffentlichte dann die Erfahrungen und einen Studienleitfaden in der Zeitschrift *Englisch Amerikanische Studien.*[10] In diesen Studiengängen und deren Umfeld wurden diese Publikationen zur Kenntnis genommen und von einigen sogar für ihre Unterrichtspraxis genutzt, aber ich hatte zu Recht angenommen, dass, mit einigen wenigen Ausnahmen, meine *w*eißen Kolleg*innen sich nicht weiter mit der Literatur Schwarzer Frauen* beschäftigen würden, oder dachten, dass die Erfahrungen Schwarzer Frauen* sich zu sehr von ihren eigenen unterschieden. Ich fragte daher – in den Worten Audre Lordes: »Aber wie viele Jahre lang habt ihr Platon, Shakespeare und Proust unterrichtet?«[11] Und was hat das mit eurer eigenen persönlichen Erfahrung zu tun? Gleichzeitig wurde mir klar, dass mein Brechen des Schweigens und meine eigene Unterrichtspraxis tatsächlich eine Überlebenstechnik waren. In diesem Prozess waren die Ansichten Audre Lordes in *Sister Outsider*, insbesondere in dem Essay »Die Verwandlung von Schweigen in Sprache und Handeln«, eine Quelle der Bestärkung. Diese erfuhr eine neue Dimension, als ich 1986 Audre Lorde zum ersten Mal persönlich traf und in unseren langen Gesprächen über das Brechen von Schweigen und über Lehren zum Überleben eine weitere Bestätigung fand. In den folgenden Jahren besuchte Audre mich und meine Lehrveranstaltungen in Bielefeld und Osnabrück, wo sie bei ihren Lesungen ein begeistertes Publikum inspirierte. Obwohl sich Schwarze Frauen* seitdem zunehmend in

10 Marion Kraft, »Black Women Writers«, 1986 (b) und »›The Bluest Eye‹ and ›Black Eyed Susans‹ – Teaching Black Women's Literature«, 1987.

11 Audre Lorde, 2021, S. 39.

den literarischen Kanon des Mainstreams eingeschrieben haben, bleiben Lehrveranstaltung über Schwarze Autorinnen* an unseren Bildungseinrichtungen in Deutschland bis heute eine Ausnahme.

Nach mehr als dreißig Jahren, in Zeiten rechtspopulistischer Entwicklungen in den USA, in Europa und anderswo, gilt es immer noch und umso mehr Schweigen zu brechen und in Handeln umzusetzen. Dies ist nicht nur in Bildungsinstitutionen erforderlich, sondern auch im täglichen Leben, in dem wir häufig mit Alltagsrassismus konfrontiert werden. Eines von vielen Beispielen: Vor einiger Zeit nahm ich an den Proben eines Freizeit-Chors teil, dem ich kurz zuvor beigetreten war. Die *weißen* Teilnehm*erinnen, meist Frauen, einige davon ehemalige Kolleginnen*, würden wahrscheinlich vehement jeden Vorwurf rassistisch zu sein zurückweisen. Aber rassistische Sprache und rassistisches Verhalten ergeben sich nicht nur aus Absicht. Wir hatten verschiedene Lieder geübt, von Spirituals über Gospels bis hin zu deutschen Volksliedern, als wir begannen zu lachen und zu scherzen. Die Atmosphäre war entspannt. Plötzlich zuckte ich zusammen als eine Person einen Witz mit dem N-Wort machte. Die anderen blickten verlegen, aber kein Mensch sagte ein Wort. Dieses Mal schwieg auch ich und wartete vergeblich auf eine Reaktion der anderen, bis eine Frau versuchte, die Situation zu entspannen, indem sie einen neutraleren Witz erzählte. Als ich später zwei der Frauen persönlich ansprach, gaben sie vor, das Schimpfwort nicht gehört zu haben. Ich verließ die Gruppe, an Thomas Uslebers Analyse zum »Schweigen der Guten«[12] denkend und daran, dass *weiße* Menschen sich selbst zu den zerstörerischen Konsequenzen

---

12 Thomas Usleber in Marion Kraft, 2015 (b), S. 97-113.

von Rassismus, auch von Alltags-Rassismus, bilden sollten. Wie Audre Lorde bereits 1979 in einem Interview mit Adrienne Rich bemerkte, kann es »emotional schrecklich anstrengend« sein, *w*eißen Menschen Rassismus zu erklären.[13]

In den späten 1980er Jahren hatte ich mehrere inspirierende Diskussionen mit Audre über solche Probleme, auch basierend auf meinen Erfahrungen im Unterrichten von hauptsächlich *w*eißen Stud*entinnen, insbesondere auch über die damit verbundenen emotionalen Kosten. Audre, die ähnliche Erfahrungen gemacht hatte, auch wenn in einem anderen rassistischen Umfeld, bestätigte, was sie bereits Jahre zuvor gesagt hatte: [D]er Lernprozess lässt sich […] anregen, man kann ihn anzetteln wie einen Aufruhr. Und dann muss man hoffen, dass er weitergeht.[14]

Auch für diejenigen von uns, die nach positiven Veränderungen streben, beginnt der Lernprozess mit dem Brechen von Schweigen. Dieses Schweigen, wie Audre Lorde so oft betont hat, ist ein Mittel, die »anderen« zu unterdrücken, nicht nur diejenigen, die als die anderen rassifiziert werden, oder die anderen Individuen, sondern auch andere Meinungen. Leider gibt es auch Schweigen innerhalb der Schwarzen Communitys, wenn auch in anderer Form. In der Black Community der USA war es in den 1960er, 1970er und 1980er Jahren das Nicht-Hören von Frauen*, insbesondere der Perspektiven von Lesben. In einem Interview mit Adrienne Rich aus dem Jahr 1979 erinnert sich Audre Lorde an erste Reaktionen auf ihr Gedicht »Love Poem«:

---

13 Audre Lorde, 1984, S. 96, Übers. M. K.
14 Audre Lorde, 2021, S. 114.

So habe ich mich damals auch gefühlt, wie mit dem Rücken zur Wand. Es mag ja immer noch alles sehr schwierig sein, aber wir haben in kurzer Zeit sehr viel erreicht. Damals war für die Schwarze Community der Gedanke, eine Frau könnte offen lesbisch leben, eine Schreckensvorstellung ... Mein Verleger rief mich an und sagte, er verstehe den Inhalt von »Liebesgedicht« nicht. Er fragte: »Worum geht es da? Bist du ein Mann?« Und er war selbst Dichter! Ich antwortete: »Nein, ich bin eine liebende Frau.«[15]

Jedoch stellt Audre in demselben Interview fest, dass wir »in kurzer Zeit sehr viel erreicht«[16] haben. In den vier Jahrzehnten, die seitdem vergangen sind, sind wir noch weiter vorangeschritten, dank den Kämpfen von Aktivistinnen* wie Audre Lorde und den verschiedenen LBGT*IQ Bewegungen. Viele Länder, auch Deutschland, haben inzwischen Heiraten jenseits heterosexueller Verbindungen legalisiert. Die Geschichten queerer Menschen haben inzwischen selbst in den Mainstreammedien und der Filmindustrie Eingang gefunden, einschließlich des Schwarzen Films. Aber viele noch bestehende Ressentiments, Diskriminierungen und auch Gewalt gegen Homosexuelle und queere Menschen erfordern nach wie vor das Brechen von Schweigen.

Audre Lorde hat mich darin bestätigt, dass es nicht genügt, die »anderen« nur zu akzeptieren, sondern, dass wir vielmehr Verschiedenheit als kreative Kraft erkennen müssen. Hinsichtlich des

---

15 Ebd.

16 Ebd.

Umgangs mit Rassismus ist es daher auch wichtig, unsere Gefühle und unseren Ärger zu akzeptieren, und selbstzerstörerische Formen der Wut in Sprache und Handeln umzuwandeln. Auf diesen Erkenntnissen basierten auch meine eigenen Veröffentlichungen zu Rassismen – in Deutschland und anderswo – und über Schwarze Frauen* und die Literatur Schwarzer Frauen*. Bei diesem Brechen des Schweigens und dem produktiven Nutzen von Wut halfen mir auch die Inspirationen durch Audre Lorde und meine persönliche Kommunikation mit ihr.

Für meine Lehrtätigkeit und meine Arbeit in akademischen Strukturen und in der Frauen*bewegung waren Audres Einsichten in »The Master's Tools Will Never Dismantle the Master's House« (Die Werkzeuge der Herrschenden werden niemals das Haus der Herrschenden einreißen) besonders wichtig. Ihre Frage: »Was bedeutet es, wenn die Werkzeuge eines rassistischen Patriarchats benutzt werden, um die Auswirkungen ebenjenes Patriarchats zu analysieren? Es bedeutet, dass allenfalls oberflächliche Veränderungen möglich und gestattet sind.«[17], traf meine Emotionen, meine Bedürfnisse und meine Wut und trug dazu bei, diese in Kreativität und das Teilen von Wissen zu transformieren. In diesem Prozess wurde meine Vermittlung von Schwarzer Geschichte und der Literatur Schwarzer Frauen* mehr als eine notwendige Überlebenstechnik, nämlich zu dem, was Audre »die kreative Funktion von Verschiedenheit in unseren Leben«[18] genannt hatte. Wie sie in »The Master's Tools« feststellt, kann Differenz nicht nur toleriert werden, sondern muss als Fundus

17 Ebd., S. 8.

18 Audre Lorde, 1984, S. 109, Übers. M.K.

notwendiger Polaritäten gesehen werden, zwischen denen unsere Kreativität sich dialektisch entwickeln kann. Einen solchen dialektischen Funken sah ich manchmal aufblitzen, wenn ich die Werke Schwarzer Frauen* mit meinen – vorwiegend *weißen* – Stud*entinnen diskutierte. Ich lernte dabei allein zu sein und gleichzeitig durch das Teilen meines Wissens andere zu erreichen und sie in die Lage zu versetzen, ihre eigenen Perspektiven zu analysieren und so vom kreativen Nutzen der Verschiedenheit zu profitieren. Aber allein zu sein ist nicht einfach.

> Ohne Gemeinschaft gibt es keine Befreiung, sondern nur einen brüchigen, zeitlich begrenzten Waffenstillstand zwischen der Einzelnen und ihrer Unterdrückung. Trotzdem darf Gemeinschaft nicht das Abwerfen unserer Unterschiede bedeuten, und sie sollte auch nicht die jämmerliche Behauptung aufstellen, diese Unterschiede existierten nicht.[19]

So war es bahnbrechend, dass, angeregt von Audre Lorde, die Schwarze deutsche (Frauen*-) Bewegung sich in den späten 1980er Jahren formierte und die Grundlagen für eine Schwarze Community in Deutschland schaffte.[20] So bestärkend wie diese Entwicklung auch war, mussten wir als Schwarze Menschen in Deutschland auch lernen, wie wir kreativ mit Differenzen umgehen können. Es gab und gibt auch weiterhin Unterschiede in der Herkunft, Nationalität, Klasse, Bildung, im Alter, Gender und in sexuellen Identitäten, poli-

---

19 Audre Lorde, 2021, S. 9.

20 Vgl. Ika Hügel-Marshall in Marion Kraft 2015 (b), S. 322-336.

tischen Zielen und Einstellungen. Zwar ist Rassismus ein systemisches Konstrukt, das nichts mit sogenannter Hautfarbe zu tun hat, jedoch führt die Rassifizierung Schwarzer Menschen oft auch zu einer Einteilung und Hierarchisierung unterschiedlicher Hauttönungen. Dieser gefährliche Colorism kann auch innerhalb der Schwarzen Communitys diskriminierende Spaltungstendenzen hervorbringen. Es ist bestärkend zu sehen, dass sich trotz der Differenzen in der Community über Jahre hinweg ein vielfältiger politischer Aktivismus und eine blühende Literatur entwickelt haben. Dennoch können wir nicht so tun, als ob innerhalb der Schwarzen Bewegung Differenzen nicht weiterhin existierten, und ein Schweigen darüber wird uns nicht in die Lage versetzen, mit diesen Differenzen kreativ umzugehen.

So erntete zum Beispiel der Film *Audre Lorde – Die Berliner Jahre 1984–1992* internationale Anerkennung, wurde auf über siebzig Festivals gezeigt, gewann zahlreiche Preise, Lob und Anerkennung von Weggefährt*innen Audre Lordes, ihrer Tochter Elizabeth Lorde Rollins und internationalen Kritik*erinnen. Innerhalb der Schwarzen deutschen Frauen*- und Lesbenbewegung wurde er kontrovers diskutiert. Einige kritisierten nicht den Inhalt oder das Format des Films, sondern, dass er von einer *w*eißen Frau produziert worden war. Sie beschlossen, ihn zu boykottieren und verschwiegen damit auch die Schwarzen Co-Autorinnen* des Films und alle Schwarzen Frauen*, die an seiner Produktion mitgewirkt hatten, und damit auch die Stimme von Audre Lorde selbst in dem Film. In ihrem berechtigten Ärger über das vielfältige Schweigen *w*eißer Frauen über die Werke und die Stimmen Schwarzer Frauen schienen diese Kritikerinnen* vergessen zu haben, was Audre Lorde über Differenz und Koalitionen und über den »Nutzen der Wut« immer wieder betonte:

> Aus der vielgestaltigen weiblichen Wut lässt sich eine Menge lernen, denn unsere Unterschiede verleihen uns Macht. Wut unter Gleichgesinnten ist Antrieb zum Wandel, nicht zum Zerwürfnis; durch das Unbehagen und das Verlustgefühl, das sie manchmal auslöst, entwickeln wir uns weiter.[21]

Deshalb muss unsere Wut über Rassismus und *w*eiße Privilegien ausgesprochen werden, ebenso wie unsere Wut über das Verschweigen von Differenzen unter uns. Wir können unsere Stärke gemeinsam nutzen, aber diese Einheit kann nicht im Verschweigen unserer Differenzen bestehen. Angesichts allgemeiner politischer Rückschritte und dem Anwachsen von Hass und Gewalt, bleibt noch sehr viel zu tun. Audre Lordes Werk, insbesondere *Sister Outsider*, kann dabei ein nützliches Werkzeug sein für alle, die sich ernsthaft dem Kampf für positive Veränderungen gewidmet haben, nicht nur in den USA, sondern auch in Europa und besonders auch in Deutschland, wo Audre Lorde wesentlichen Einfluss auf verschiedene Bewegungen hatte. Für mich war sie eine Inspiration, eine »Schwester in Waffen«, eine »Reisende zwischen den Kulturen, die lernen wollte«, wie sie sich selbst einmal beschrieb[22], eine Freundin, mit der ich über Grenzen hinweg Ideen austauschen konnte.

---

21 Audre Lorde, 2021, S. 23 f.

22 Vgl. Audre Lorde in Dagmar Schultz, 2012.

Immer wieder hat Audre andere Frauen dazu ermutigt, ihr Schweigen zu brechen, zu kommunizieren, ihrer Wut Ausdruck zu verleihen und ihre Ideen auszutauschen. Auf ihre Anregung hin nahmen so auch mehrere Schwarze Frauen* der sich gerade entwickelnden Schwarzen Bewegung in Deutschland 1989 an der *Third Feminist Book Fair* in Montreal teil, wo ich einen Vortrag über die Rezeption Schwarzer Autorinnen* in Deutschland hielt und meine Erfahrungen mit Schwarzen und PoC Frauen* aus aller Welt teilen konnte, darunter Gloria Anzaldúa, Ellen Kuzwayo und Audre Lorde. Jedoch war auch diese inspirierende Veranstaltung nicht ohne Widersprüche. Viele Schwarze Frauen* bemerkten zu Recht, dass *weiße* Frauen dominierten und in der Organisation, in Präsentationen und auf Podien ihre Privilegien ausnutzen. Die Konfrontation eskalierte und führte dazu, dass eine Gruppe Schwarzer Frauen* eine alternative Veranstaltung an einem anderen Ort in Montreal organisierte. Audre blieb auf der Hauptmesse, um diese Differenzen und Widersprüche zu diskutieren. Sie hob hervor, was sie einige Jahre zuvor bereits in *Sister Outsider* geschrieben hatte:

> Ich habe Situationen erlebt, in denen *weiße* Frauen eine rassistische Bemerkung hören, das Gesagte verurteilen und voller Zorn darüber sind, aber aus Angst im Schweigen verharren. Die nicht verbalisierte Wut tickt in ihnen wie eine Zeitbombe, und in der Regel wird sie später der ersten Woman of Color entgegengeschleudert, die Rassismus anspricht.
> Wird Wut jedoch formuliert und in konstruktives und zukunftsorientiertes Handeln umgesetzt, wirkt sie befreiend, stärkend

> und klärend, denn im mühsamen Prozess dieser Verwandlung merken wir, wer trotz aller Differenzen unsere Verbündeten sind und wer unsere Feindinnen.[23]

In dem Vierteljahrhundert seitdem Audre uns verlassen hat, sind neue Generationen von Feministinnen*, Schwarzen und *w*eißen, hervorgetreten, neue Generationen von Schwarzen Aktivistinnen*, Wissenschaftlerinnen* und Autorinnen*. Ich bin überzeugt, dass Audres Worte über Differenzen und Gemeinsamkeiten, über Ärger und Freude, über Verbündete* und wirkliche Feind*innen, und über Liebe für uns alle noch immer bedeutsam sind.

---

23 Audre Lorde, 2021, S. 18.

Zwischen Aversion, Alibi und Anerkennung: *Weiß*er Feminismus und die Literatur Schwarzer Frauen* in Deutschland[24]

Sehr gerne habe ich zu Beginn dieses Jahres (1988) die Einladung angenommen, mich mit einem Beitrag an den Veranstaltungen der *Third International Feminist Book Fair* zu beteiligen. Als Schwarze deutsche Feministin, Dozentin und Autorin ist es für mich besonders wichtig, auf einer Frauen*konferenz sprechen zu können, auf der – zumindest in einem gewissen Ausmaß – die Stimmen Schwarzer Frauen* gehört werden. In meinem Land ist dies immer noch eine äußerst seltene Erscheinung. Bis vor einigen Jahren schienen dort für Wissenschaft*lerinnen und Literaturkritik*erinnen Schwarze Autorinnen* – aus welchen Teilen der Welt auch immer – nicht zu existieren. Erst seit kurzer Zeit haben wir, Schwarze deutsche Frauen*, begonnen, unsere eigenen Stimmen zu erheben, als Teil der afrikanischen Diaspora und einer Minderheit in unserem Land, deren Existenz nicht zur Kenntnis genommen und bewusst ignoriert wurde. Wenn ich hier als eine dieser Schwarzen deutschen Frauen* einen

24 Vortrag auf der *Third International Feminist Book Fair* in Montreal, Kanada, 1988. Eine erweiterte und überarbeitete deutsche Version des Originalbeitrags erschien in: Sozialwissenschaftliche Forschung und Praxis für Frauen e. V. (Hrsg.), 1988.

Vortrag zur feministischen Literaturkritik und zu der Literatur Schwarzer Frauen* halte, ist dies ein weiteres Durchbrechen verschiedener Formen des Schweigens.

Ich danke bei dieser Gelegenheit allen Frauen*, die mich ermutigt haben, über das Leben und die Werke Schwarzer Frauen* zu schreiben. Zu besonderem Dank bin ich Audre Lorde verpflichtet. Ihre Essays und Gedichte, ihre Unterstützung und ihr Interesse an den Leben und Kämpfen afrodeutscher Frauen* waren sehr bestärkend.

In diesem Vortrag werde ich kurz über meine persönlichen Erfahrungen in Deutschland mit dem Unterrichten und dem Schreiben über Schwarze, insbesondere über afroamerikanische, Autorinnen* sprechen. Dieser Fokus meiner Arbeit basiert auf meinen persönlichen Interessen und meinem Forschungsschwerpunkt. Für mich ist es dabei auch wichtig hervorzuheben, dass, wie Audre Lorde auch mehrfach betonte, Schwarze Autorinnen* aus den USA von dem Privileg profitieren, Teil der mächtigsten Nation in der westlichen Welt zu sein und sich gleichzeitig auf eine Tradition Schwarzer Kultur und Geschichte berufen können. In Deutschland waren sie die ersten Schwarzen Autorinnen*, die eine breitere Öffentlichkeit und eine gewisse Anerkennung erreichen konnten. Erst seit kurzer Zeit stoßen auch Werke von Frauen* aus der sogenannten »Dritten Welt« auf ein wachsendes Interesse. Schwarze Frauen* in Deutschland haben noch keine literarische Tradition, aber es gibt beachtliche Entwicklungsprozesse, insbesondere in autobiografischen Texten, Lyrik und literaturkritischen Essays. Es ist hier eine Literatur im Entstehen, die auf einem zweifachen oder auch vielfachen kulturellen Erbe basiert und den Erfahrungen Schwarzer Menschen in

Deutschland. Im Allgemeinen stoßen die Werke von Frauen* of Color auf eine wachsende Anerkennung in Deutschland – jedoch meist außerhalb des Mainstreams. In diesem Kontext befasse ich mich mit dem Problem des Eurozentrismus im *w*eißen deutschen feministischen Diskurs und in der Literaturkritik. Ich hoffe damit auch Einsichten in die Arbeiten und die Kämpfe afrodeutscher Frauen* vermitteln zu können, auch hinsichtlich von Fragen zu Identität, Diskriminierung und Schreiben als Befreiungsprozess.

Ich werde meine Argumentation aus einer Fragestellung entwickeln, die sich – im globalen Kontext – nicht viele Frauen* stellen müssen: Was bedeutet es als Schwarze Frau* in einer fast gänzlich *w*eißen Gesellschaft zu leben, in der frau fast immer sichtbar und unsichtbar zugleich ist? Sichtbar, indem sie fast ständig gezwungen ist ihre eigene Existenz zu erklären; unsichtbar, insofern Konstrukte von Gleichheit und der Mythos einer einheitlichen weiblichen Existenz die eigene Identität immer wieder infrage stellen. Daher konnte ich mich in der *w*eißen deutschen feministischen Bewegung , die sich in den 1970er Jahren entwickelte, nicht wiederfinden. Dass *w*eiße Frauen* in Westdeutschland die patriarchalen Strukturen ästhetischer Normen kritisierten, Bilder von *w*eißen Frauen* in der Literatur analysierten und versuchten ihre Geschichte und Sprache zu dekonstruieren, schien mir lange Zeit irrelevant, solange diese Entwicklung feministischer* Perspektiven sich nur auf *w*eiße Frauen* bezog, als ob die Geschichte von Frauen* denkbar wäre, ohne die *andere* Frau*.

Wenn westdeutsche *w*eiße Feministinnen über die Geschichte von Frauen* sprechen, beziehen sie sich oft auf die Impulse, die die frühe Frauen*bewegung von den Aktivitäten US-amerikanischer und britischer Suffragetten erhielt. Schwarze Frauen* wie Sojourner Truth oder Ida B. Wells, die diese Bewegungen an entscheidenden Punkten beeinflusst haben, werden jedoch noch nicht einmal erwähnt. In einem Buch von Hannelore Schröder über die Geschichte der Frauen-Emanzipation gibt es ein ganzes Kapitel über Susan B. Anthony und Elizabeth Cady Stanton. Ida B. Wells wird noch nicht einmal in einer Fußnote erwähnt. Das Buch trägt den Titel *Die Frau ist frei geboren.*[25] Als es mir vor einiger Zeit in die Hände fiel, fragte ich mich – welche Frau*?

Im literarischen und ästhetischen Bereich stellt sich dieselbe Frage. In ihrem oft als bahnbrechend bezeichneten Essay »Gibt es eine feminine Ästhetik?« hebt Silvia Bovenschen hervor, dass es sehr bedeutsam sei, dass wir uns die Erkenntnisse weiblichen Potentials vergangener Kulturen wieder aneignen, die bewusst und organisiert von männlicher Geschichtsschreibung verschwiegen wurden.[26] Aber aus ihrer eurozentrischen Sichtweise verschweigt die Autorin selbst viele Erkenntnisse weiblichen Potentials in ihrer Anrufung alter »Muttergottheiten« wie Aphrodite, Demeter, Diana – »und all die Amazonen längst vergangener Reiche«.[27] Inzwischen haben Schwarze Frauen* in Deutschland begonnen, die Namen von Oja, Afrekete, Hemsted und all der Amazonen längst vergangener afrikanischer Reiche bekannt zu machen. Meine Antwort auf die Fragestellung von Silvia Bovenschen ist: Nein, es gibt keine allgemeine weibliche

---

25 In: Hannelore Schröder (Hg.), 1981, S. 41-57.

26 In: Gisela Ecker (Hg.), 1986.

27 Ebd.

Ästhetik. Aber ich glaube, dass Frauen* eine *feministische** Ästhetik anwenden und etablieren sollten und eine Gender-Perspektive einnehmen, die auf der Anerkennung sozialer, ethnischer und sexueller *Differenzen* in weiblichen Erfahrungen basiert.

Als ich begann, die literarischen Werke Schwarzer Frauen* zu analysieren und zu unterrichten, war dies in Deutschland ein noch völlig unerforschtes Gebiet. Schwarze Autorinnen* existierten nicht auf den Leselisten für US-amerikanische Literatur. Dies mag nicht weiter verwundern, bestand der Kanon doch weitgehend aus *w*eißen alten, männlichen, heteronormativen Autoren. Unter diesen Bedingungen in einem *w*eißen Umwelt die literarische Tradition Schwarzer Autorinnen* zu vermitteln war nicht einfach. Zeitweilig kam ich mir gleichzeitig mutig und vermessen vor. Aber es war mir schon seit längerem nicht mehr möglich, mich mit Frauenbildern – von Frauen* und Männern* geschaffen – in der *w*eißen Literatur zu identifizieren. Umso mehr, nachdem ich endlich die Möglichkeit hatte, die Werke Schwarzer US-amerikanischer Autorinnen* zu lesen, vor allem Zora Neale Hurstons *Vor ihren Augen sahen sie Gott* (Their Eyes Were Watching God), die Romane von Paule Marshall und Toni Morrison und Gedichte von Audre Lorde. Als ich Alice Walkers Essays »In Search of Our Mothers' Gardens« las, hatte ich die Literatur gefunden, die – über kulturelle Unterschiede hinweg – meinen Bedürfnissen entgegen kam. Mir wurde bewusst, dass der kraftvolle Realismus, die Mythen und Visionen in diesen Werken bestehenden Vorurteilen über die Kreativität Schwarzer Frauen* am besten entgegentreten konnten. Dies war die Art von Realismus und feministischer Ästhetik, die ich vermitteln wollte.

An dem Kolleg, an dem ich unterrichtete, glitzerten meine ersten Kurse zu Schwarzen Autorinnen* im Vorlesungsverzeichnis wie exotische Blumen auf einer Felseninsel. Möglicherweise wurden sie auch als Bedrohung empfunden für nicht hinterfragte Normen und Werte in eurozentristisch-patriarchalisch ausgerichteten akademischen Strukturen. Unter meinen *weißen* Kolleg*innen begegnete ich einmal mehr nur Schweigen. Aber ich hatte begonnen meine Stimme als Schwarze Frau zu erheben, und dies war ein Weg ohne Umkehr, ein nicht ungefährlicher Weg. Einige Jahre zuvor hatte Barbara Smith in ihrem Essay »Toward a Black Feminist Criticism« auf mögliche Gefahren eines solchen Weges hingewiesen, auf die Kraft, die es kostete, etwas noch nicht Dagewesenes zu wagen und über Schwarze Autorinnen* aus einer feministischen Perspektive zu schreiben.[28] In Deutschland hat dies nochmals eine besondere Dimension, angesichts einer verdrängten Kolonialgeschichte, der Leugnung von Rassismus aufgrund der faschistischen Erfahrung, die Annahme einer ethnisch homogenen Gesellschaft und eines philosophischen Idealismus, der sich über Jahrhunderte hinweg entwickelt hat. Die Erfahrungen von Minderheiten, von Migrant*innen, People of Color und Schwarzen Menschen werden weitgehend verschwiegen. Die Gefahr beim Durchbrechen dieser eurozentristischen Restriktionen des Denkens besteht in den akademischen Strukturen vor allem in dem Risiko des weiteren Ausschlusses von einer »geschlossenen Gesellschaft«.

Glücklicherweise hatte ich zu der Zeit, als ich meine ersten Kurse zu Schwarzen Autorinnen* und zum Schwarzen Feminismus* anbot,

---

28 Barbara Smith, 1977.

Barbara Smiths Essay noch nicht gelesen. Ich hätte ihn vielleicht als Warnung verstanden, da sie und andere Schwarze Frauen* in den USA sich auf viel mehr stützen konnten als ich. Jahre später wurde ihr Essay für mich eine Bestätigung und eine Quelle des Empowerments.

Seitdem habe ich mehrere Essays und Unterrichtsbeispiele zur Literatur Schwarzer Frauen* veröffentlicht.[29] Aber noch wichtiger ist mir, dass ich auf eine Reihe von Kursen zurückblicken kann, die nicht nur mein Bewusstsein, sondern auch das meiner Studentinnen* geschärft haben. In der Auseinandersetzung mit der Literatur von Frauen* unterschiedlicher kultureller Hintergründe und deren Ausdrucksformen konnten sie ihr Bewusstsein und ihr Verständnis von Kreativität erweitern. Sie wurden in die Lage versetzt, diese Erfahrung in ihr eigenes Leben und Handeln zu integrieren. So schrieb eine von ihnen im Jahrbuch unseres Kollegs: »Die Vielfalt der Kreativität Schwarzer Frauen, die mir in diesen Texten begegnete, ließ mich darüber nachdenken, welche künstlerischen Ausdrucksformen für mich selbst wichtig sind. (…) Ich wurde ermutigt, andere Frauen* zu entdecken, mich selbst und meine eigene Kreativität.«[30]

Auf dem westdeutschen Buchmarkt werden seit einigen Jahren die Werke Schwarzer Autorinnen* zunehmend zur Kenntnis genommen, ebenso wie in der feministischen Literaturkritik. Letzteres jedoch hauptsächlich durch Übersetzungen von Essays, Artikeln und Rezensionen, die zuvor in Großbritannien oder in den USA veröffent-

---

29 Vgl. Marion Kraft, 1987.

30 *Oberstufen-Kolleg*, 1987.

licht wurden. Eigene Forschungsarbeiten auf diesem Gebiet aus einer feministischen Perspektive bleiben jedoch weiterhin die Ausnahme. Dies ist keineswegs ein sprachliches Problem. *W*eiße westdeutsche Feministinnen* haben keine Schwierigkeiten im Verständnis und in der Analyse *w*eißer Autorinnen* aus englischsprachigen Ländern, ebenso wenig wie mit der Auseinandersetzung mit französischen Poststrukturalist*innen. Die Grenzziehung besteht in der Internalisierung eurozentristischen Denkens und eurozentristischer Machtstrukturen und wird von der Angst geprägt, eigene Identitätsmuster und Positionen in Frage stellen zu müssen. Als deutsche Frau hoffe ich, dass *w*eiße Feministinnen* auch in Deutschland diese besondere Form ihrer Selbstbeschränkung erkennen. Als Schwarze Frau werde ich trotz meine Ärgers über die Marginalisierung Schwarzer Autorinnen* meine eigene Arbeit fortsetzen.

Wie schon erwähnt, gibt es Veränderungen und erste Schritte, um Schweigen zu brechen. In der Ausgabe von »Englisch Amerikanische Studien« vom Januar 1987 schreibt Gabriela Schaaf: »Die Frage, inwieweit das eigene, eurozentristische Weltbild den Blick auf die ›fremde‹ Kultur bestimmt und zu Ideologiebildungen führt stand auch im Mittelpunkt der letzten Tagung der Literaturwissenschaftlerinnen, 1986 in Hamburg.«[31] Leider stimmt dies nur zum Teil. Ich gehörte zum Organisationsteam dieser Konferenz, und die Tatsache, dass Eurozentrismus *ein* Thema in wenigen Workshops war, spiegelt sicher eine positive Entwicklung. Jedoch vergisst die Autorin zu erwähnen, dass dieses Thema von der einzigen Schwarzen Frau im Vorbereitungsteam der Konferenz vorgeschlagen wurde.

31 Gabriela Schaaf, 1987.

Zum Zeitpunkt des Schreibens dieses Artikels wusste Gabriela Schaaf möglicherweise noch nicht, dass in der Dokumentation der Konferenz nur wenige Beiträge zur Schwarzen und nicht-europäischen Literatur, zu Rassismus und Eurozentrismus aufgenommen wurden. Möglicherweise ist es ihr auch nicht aufgefallen, dass in der zentralen Podiumsdiskussion der Konferenz nur zwei von zehn Frauen* nicht *weiß* waren und dass selbst dies der harten Arbeit der wenigen Schwarzen Teilnehmerinnen* der Konferenz geschuldet war, um zu vermeiden, dass ein ausschließlich *weißes* Podium zum Thema Women of Color und Eurozentrismus diskutierte. Im Hinblick darauf scheint die Behauptung, Eurozentrismus sei ein zentrales Thema der Konferenz gewesen, ein bloßes Alibi.

Ein weiteres Beispiel ist ein in Deutschland erschienenes Buch über Frauen-Literatur-Geschichte.[32] Unter dreißig Beiträgen sind drei zu afrikanischen, afroamerikanischen und lateinamerikanischen Autorinnen*. Dies erinnert mich an Tillie Olsens (US-amerikanische Arbeiterin und Schriftstellerin) Aufsatz »Eine von zwölf«[33]. Worüber sich *weiße* Frauen* jahrzehntelang beschwert haben – das Verschweigen ihrer Arbeiten und Stimmen – geschieht derzeit mit den Stimmen Schwarzer Frauen* im europäischen feministischen Diskurs. Der »verschärfte Blick«[34] – wie die Herausgeberin Karen Nölle-Fischer ihre Sammlung aus dem englischsprachigen Raum übersetzter Essays feministischer Literaturkritikerinnen* genannt hat,

---

32 Hiltrud Gnüg et al, 1985.

33 Tillie Olsen, 1978.

34 Karen Nölle-Fischer, 1987.

bleibt noch ziemlich getrübt, wenn es sich um die Literatur Schwarzer Frauen* handelt.

In praktischen Kontexten ist dies teilweise anders. An meinem Kolleg ist die Literatur Schwarzer Frauen* inzwischen ein fester Bestandteil, nicht nur in den Lehrplänen eines neuen Frauen*studiengangs, sondern auch in Englisch- und Literatur-Kursen. In einem größeren Rahmen haben Initiativen und Organisationen afrodeutscher Frauen* dazu geführt, dass Rassismus und Eurozentrismus in feministischen Diskursen nicht mehr vermieden werden können. Ein wichtiger erster Schritt war dabei die Publikation »Farbe bekennen. Afro-deutsche Frauen auf den Spuren ihrer Geschichte«.[35] In diesem Buch haben Schwarze deutsche Frauen* sich selbst in historischen, autobiografischen und lyrischen Texten sichtbar gemacht.

Die wachsende Einmischung Schwarzer Frauen* in die feministische* Bewegung in Deutschland könnte eine Chance bieten, die Kategorie »Gleichheit« weiterhin zu hinterfragen und die Bedeutung von Differenzen zu entdecken. Die erste Zeitschrift von und für Schwarze Frauen* in Deutschland, *Afrekete*, ist inzwischen veröffentlicht worden ebenso wie eine wachsende Anzahl von Essays über die Literatur Schwarzer Frauen* in feministischen Zeitschriften und akademischen Magazinen. Afrodeutsche Frauen* organisieren Lesungen mit afroamerikanischen und afrobrasilianischen Autorinnen*. Im Sommer 1987 fand eine Schreibwerkstatt Schwarzer und *w*eißer Frauen* statt, aus der heraus weitere Publikationen folgen sollen.

---

35 May Ayim (Opitz), Katharina Oguntoye, Dagmar Schultz, 1986.

Der Beitrag, den Schwarze Frauen* in Deutschland zu europäischen feministischen diskursiven Strategien und zur Literaturtheorie und -geschichte geleistet haben, kann nicht mehr ignoriert werden. Als afrodeutsche Frauen* sehen wir die verschiedenen Teile unseres vielfältigen kulturellen Erbes nicht mehr als Mangel, sondern als Chance, alle Aspekte unserer Geschichte für unsere diversen kreativen Ausdrucksformen nutzbar zu machen. Es ist uns bewusst geworden, dass wir uns auf mehr als nur ein einseitiges kulturelles Erbe berufen können. Es ist uns bewusst geworden, dass es unser Recht ist, unser Land, unsere Sprache und unsere Geschichte im Rahmen einer globalen Geschichte für uns zurückzugewinnen, und dass wir uns – gemeinsam mit anderen Minderheiten – nicht länger zu Opfern machen lassen. Diese Herausforderungen und dieses Empowerment teilen wir mit den Erfahrungen aller Frauen* der afrikanischen Diaspora.

Ich bin eine Schwarze Frau afroamerikanischer und deutscher Herkunft, und meine Tochter hat europäische und afrikanische Vorfahren. In Deutschland soll ich häufig erklären, wer ich denn sei oder wo ich denn herkäme. Selbst auf dieser Konferenz werden mir erstaunte Fragen zur Existenz Schwarzer deutscher Menschen gestellt. Meine Antwort darauf ist einfach: Wir sind keine Exot*innen, wir sind Menschen, die es seit Jahrhunderten in Deutschland gibt. Wir sind Frauen*, die auf ihre Wurzeln stolz sind und ihre Rechte verteidigen. Dies habe ich meiner Tochter versprochen, als sie zwei Monate alt war:

Versprechen – für meine Tochter

Du kamst
als Überraschung
wie eine Rose
eine knospende Blüte
dein süßer kleine Mund
lächelnd
August Sonnenstrahlen
in meine Septembertage
Frühlingsversprechen
selbst für kommende Winter
in meinen Armen
Schutz suchend.
Und ich versprach zu schützen
deine Wurzeln gegen Frost
deinen Stamm gegen den Sturm
deine Blätter zu pflegen
und dir zu helfen
deine Blüten zu entfalten
bis deine Dornen wachsen
stark genug
zu verteidigen
deine Schönheit
dich selbst.

Wir selbst sein. Dafür kämpfen Schwarze Frauen* in der ganzen Welt. Dies ist ein Kampf gegen die Unterdrückungsmechanismen des *w*eißen Patriarchats, ein Kampf für Freiheit und Gerechtigkeit, wie in den Zeilen eines Songs der afrobritischen Gruppe *The African Dawn*: »Gerechtigkeit ist eine Schwarze Frau – sei auf der Hut, Mann«.

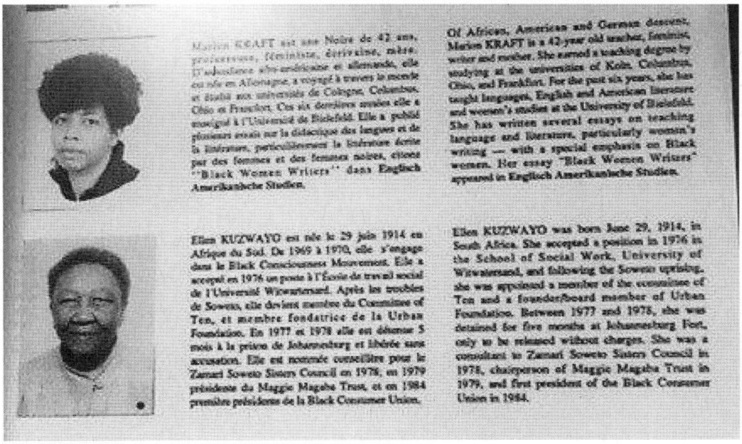

Marion KRAFT est une Noire de 42 ans, professeure, féministe, écrivaine, mère. D'ascendance afro-américaine et allemande, elle est née en Allemagne, a voyagé à travers le monde et étudié aux universités de Cologne, Columbus, Ohio et Francfort. Ces six dernières années elle a enseigné à l'Université de Bielefeld. Elle a publié plusieurs essais sur la didactique des langues et de la littérature, particulièrement la littérature écrite par des femmes et des femmes noires, citons "Black Women Writers" dans Englisch Amerikanische Studien.

Of African, American and German descent, Marion KRAFT is a 42-year old teacher, feminist, writer and mother. She earned a teaching degree by studying at the universities of Koln, Columbus, Ohio, and Frankfurt. For the past six years, she has taught languages, English and American literature and women's studies at the University of Bielefeld. She has written several essays on teaching language and literature, particularly women's writing — with a special emphasis on Black women. Her essay "Black Women Writers" appeared in Englisch Amerikanische Studien.

Ellen KUZWAYO est née le 29 juin 1914 en Afrique du Sud. De 1969 à 1970, elle s'engage dans le Black Consciousness Mouvement. Elle a accepté en 1976 un poste à l'École de travail social de l'Université Witwatersrand. Après les troubles de Soweto, elle devient membre du Committee of Ten, et membre fondatrice de la Urban Foundation. En 1977 et 1978 elle est détenue 5 mois à la prison de Johannesburg et libérée sans accusation. Elle est nommée conseillère pour le Zamani Soweto Sisters Council en 1978, en 1979 présidente du Maggie Magaba Trust, et en 1984 première présidente de la Black Consumer Union.

Ellen KUZWAYO was born June 29, 1914, in South Africa. She accepted a position in 1976 in the School of Social Work, University of Witwatersrand, and following the Soweto uprising, she was appointed a member of the committee of Ten and a founder/board member of Urban Foundation. Between 1977 and 1978, she was detained for five months at Johannesburg Fort, only to be released without charges. She was a consultant to Zamani Soweto Sisters Council in 1978, chairperson of Maggie Magaba Trust in 1979, and first president of the Black Consumer Union in 1984.

Abb. 3: Aus dem Programm der *Third International Feminist Book Fair*, Montreal: Marion Kraft und Ellen Kuzwayo.

Abb. 4: Audre Lorde und Ellen Kuzwayo auf der *Third International Feminist Book Fair*, Montreal.

Das Afrikanische Kontinuum in »Zami – eine neue Schreibweise meines Namens«[36]

Bring mich dorthin, wo mein Blut fließt
Seboulisa Mutter Göttin mit einer Brust
gefressen von Würmern der Trauer und des Verlusts
sieh mich jetzt
deine von dir getrennte Tochter
die unsere Namen in ein Echo lacht
welches die Welt erinnern wird.[37]

Diese Zeilen aus Audre Lordes Gedicht »125th Street and Abomey«, spiegeln ihre kulturelle Identität und ihr Bewusstsein der Differenz. Die Stimme der Dichterin sehnt sich nach der afrikanischen Vergangenheit und betrauert die Unterbrechung des matrilinearen Kontinuums, doch der Titel des Gedichts verweist auf verschiedene kulturelle Traditionen und Erfahrungen, die – trotz Trauer und Verlust – in eine neue Einheit transformiert werden. Die verlorene afrikanische Tochter wird nicht nur in der Göttin der Schöp-

---

36 Alle Zitate beziehen sich auf die deutsche Ausgabe von Audre Lorde: *Zami. Eine neue Schreibweise meines Namens. Eine Mythobiografie*, 2012.

37 Audre Lorde, *The Black Unicorn*, 1978, S. 12, Übers. M.K.

fung gefeiert, sondern in sich selbst und schreibt Seboulisas und ihren eigenen Namen in die Geschichte ein. In afrikanischen Traditionen ist die Namensgebung ein Akt der Initiation in die Gesellschaft, ein Zeichen kultureller und persönlicher Identität. Sie knüpft an bedeutsame Ereignisse in der Geschichte der Community oder im Leben des Individuums an. In der afroamerikanischen Tradition ist das Annehmen eines neuen Namens ein Akt politischer Unabhängigkeit, persönlicher Freiheit und Selbstdefinition. Audre Lordes Prozesse der Namensgebung, Neubenennung und Selbstdefinition sind Ausdruck sowohl der Unterbrechung als auch des Kontinuums afrikanischer Kulturen in der afroamerikanischen Erfahrung. Im Bild der Göttin Mutter und ihrer verlorenen und zurückgekehrten Tochter unterstreicht die Dichterin afrikanische matrilineare und matrifokale Traditionen,[38] wie sie sich z. B. im Bild der Kriegerin und der Göttin mit einer Brust spiegeln. Die Stärke und Macht der Amazone wurde »gefressen«, wird aber neu erfunden und neu etabliert im Lied der Dichterin, deren Stimme an anderer Stelle des Gedichts betet und bittet: »nimm mir die Angst allein zu sein / wie meinen kriegerischen Schwestern / die für die Verteidigung deines Reiches ritten / verkleidet und getrennt / gib mir die Stärke einer Frau / die Stimme in dieser Zeit der Kälte«.[39]

Auch hier sind Macht und Furcht Oppositionen, die im Bild der Schwestern und dem Wort als Waffe im Kampf um Selbstdefinition, versöhnt werden.

---

38 Für eine ausführliche Diskussion des matrilinealen Kontinuums vgl. Chinosole in Joanne M. Braxton und Andrée Nicola McLaughlin, 1990, S. 379 ff.

39 Audre Lorde, *The Black Unicorn*, 1978, S. 12. Übers. M.K.

In zahlreichen literaturkritischen Werken, Artikeln und Essays über diese weltweit anerkannte Dichterin und Essayistin, Autobiografin und Aktivistin, Audre Lorde, finden wir das Zitat, mit dem sie fast immer ihre Lesungen einleitete: »Ich bin eine Schwarze, lesbische, feministische kriegerische Dichterin, Mutter«.[40] Dies sind die verschiedenen Aspekte, auf denen ihr Gesamtwerk basiert. Die Bejahung kultureller, ethnischer, sexueller und textueller Differenz als Werkzeug im Kampf für politische Veränderungen bildet den Kern von Lordes Philosophie. Audre Lorde, deren Hauptwerke in der Zeit zwischen den späten 1960er und den frühen 1990er Jahren veröffentlicht wurden, erhielt ihren afrikanischen Namen (Gamba Adisa – Kriegerin, die ihre Bedeutung wissen lässt) in einer afrokaribischen Zeremonie auf St. Croix, U.S. Virgin Islands, wo sie die letzten Jahre ihres Lebens verbrachte.[41] Das erreichte Ziel ihres Werkes und ihres Lebens war es, immer wieder die Bedeutung Schwarzer Frauen*, ihre Erfahrungen, Geschichten und Kreativität bewusst zu machen. Damit hat sie andere in den Amerikas und Europa und all jene, die von *weißer* und heterosexueller Vorherrschaft unterdrückt sind, inspiriert, ihre eigenen Stimmen hörbar zu machen.[42] So wie die Namensgebung in afrikanischen Traditionen bedeutsam ist, spiegeln

---

40 Vgl. Audre Lorde/Marion Kraft, »Vom kreativen Nutzen der Verschiedenheit«, 1986; Claudia Tate, *Black Women Writers*, 1985.

41 Lorde verlor ihren jahrelangen Kampf gegen den Krebs im November 1992. Ihre Integration in die Community von St. Croix, die so viele Gemeinsamkeiten mit den Herkunftsinseln ihrer Eltern hatte, beeinflusste viele ihrer letzten Gedichte und trug zur Verlängerung ihres Überlebenskampfes bei.

42 Vgl. Audre Lordes Vorwort zu *Farbe bekennen. Afro-deutsche Frauen auf den Spuren ihrer Geschichte*, 1986.

ihre eigenen verschiedenen Namen – Audre Lorde, Zami, Gamba Adisa – ihre geografischen Grenzüberschreitungen und spirituellen Reisen von Harlem, New York City, in die Karibik, woher ihre Eltern stammten, bis nach Westafrika zu ihren ethnischen, kulturellen und spirituellen Wurzeln. Audre Lorde durchlebte auf eine neue Art und Weise und in umgekehrter Richtung den Transatlantischen Handel mit Versklavten und dessen Ursprung in der Profitgier und der gewaltsamen Expansion Europas. Wie sie in einer Rede auf der Konferenz »Der Traum von Europa«[43] 1988 in Berlin feststellte, war ihr Traum von Europa ein Albtraum, der Bilder ihrer Vorfahr*innen heraufbeschwor, die von *weißen* Europäern in »Sardinenbüchsen« über den Atlantik transportiert wurden. Aber diese Bilder der Vergangenheit nutzte sie für Bilder ihrer Visionen von einer Zukunft, die auf der Überzeugung von uralten Quellen der Macht in uns selbst basieren:

> Diese Orte der Möglichkeiten in uns selbst sind dunkel, weil sie uralt sind und verborgen: Sie haben überlebt und sind erstarkt in dieser Dunkelheit. An diesen tiefen Orten beherbergt jede von uns unglaubliche Reserven an Kreativität und Macht, an noch unentdeckten und stillen Emotionen. Die Stärke von Frauen in jeder von uns ist weder weiß noch oberflächlich; sie ist dunkel, sie ist uralt und tief.[44]

---

43 Bis 2016 unveröffentlichtes englisches Manuskript, von Marion Kraft ins Deutsche übersetzt, in Dagmar Schultz (Hrsg.), 1993, S. 216-217; Vgl. auch persönlicher Brief von Audre Lorde im Archiv-Material in diesem Band.

44 Audre Lorde, 1984, S. 36 f., Übers. M.K.

Diese dunkle und uralte Macht, die Lorde als die Wurzeln ihrer eigenen Stärke zelebriert, ist die Schwarze Mutter in uns.[45] Über dieses philosophische Konzept schreibt sie:

> Ich denke, also bin ich – das haben die *weißen* Väter uns gesagt. Die Schwarze Mutter in uns, die Dichterin, flüstert uns hingegen in unseren Träumen zu: Ich fühle, also kann ich frei sein. Dichtung formt die Sprache, die wir brauchen, um diese revolutionäre Forderung auszudrücken und Freiheit zu erlangen.[46]

Dies bedeutet doch keineswegs eine Unterschätzung des Rationalen, wie Lorde an anderer Stelle hervorhebt. Vielmehr betont dies die Notwendigkeit, das menschliche Verlangen nach Freiheit emotional zu erkunden und Differenz positiv zu bewerten. Audre Lordes Essays, ihre Gedichte und ihre Mythobiografie befassen sich mit kulturellen, politischen, persönlichen und literarischen Spannungsfeldern.

Aber Differenz bedeutet für sie nicht die Betonung binärer Oppositionen. Vielmehr sieht sie die Bejahung der Differenz als eine Möglichkeit, sich von falschen Wertesystemen und von der westlichen Definition universaler Werte zu befreien. Daher ist Differenz für Lorde die Basis eines kreativen Prozesses der Veränderung. So beginnt *Zami* mit einer Widmung für all jene, die dazu beigetragen haben, die Stimme der Erzählerin zu stärken.

---

45 Vgl. Audre Lorde im Interview in diesem Band.

46 Audre Lorde, 2021, S. 31.

> Wie leuchtende Fackeln schmücken Bilder von Frauen meine Reise, sie sind die Wegmarken und stehen wie Deiche zwischen mir und dem Chaos. Die Bilder von Frauen, freundlichen und grausamen, sind es, die mich nach Hause leiten (7).

»Deich« (engl. »Dyke«) hat hier eine doppelte Bedeutung, im Sinne eines Schutzwalls gegen das Chaos und als umgangssprachliche, zuweilen pejorative, Bezeichnung für Lesben. Der Begriff bezieht sich damit auch auf das Ringen der Erzählerin* um Identität und um ihr Bewusstsein als selbstbestimmte, sich auf andere Frauen* beziehende Frau*. Aber die autobiografische Stimme der Erzählerin* spricht von ihrem Weg zu sich selbst in verschiedenen Bildern. Es sind Bilder von ihrem Vater, dem Dreieck von Mutter, Vater, Kind, die in Träumen ersetzt werden von der »anmutigen starken Triade aus Großmutter, Mutter, Tochter, [...] in der das »Ich« beweglich ist und je nach Bedarf in eine oder beide Richtungen fließt.« (11)

Der Anfang von Zami spiegelt die Tradition nicht eindeutiger oder gegensätzlicher Genderdefinitionen und das Bedürfnis der Erzählerin, das patrilineare und das matrilineare (afrikanische) Kontinuum zu vereinen. Doch geprägt wurde sie von Frauen*, von grausamen und von freundlichen. Die Frauen*, die ihr eine Stimme verleihen, repräsentieren Differenz, Selbstbewusstsein und Stärke, aber auch falsche Wertesysteme und Schwäche: DeLois, welche die Erzählerin in *Zami* als Kind liebte, »weil sie groß und [S]chwarz und besonders war und am ganzen Leib zu lachen schien« (8); Louis Briscoe, eine Untermieterin, die im Haus der Mutter der Erzählerin starb, den Tod verlachte, und nicht wollte, dass ein Arzt gerufen

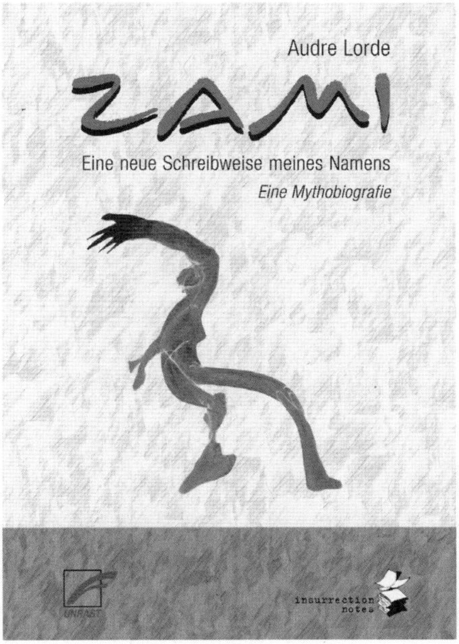

Abb. 5: Cover von *Zami*, Unrast-Verlag, 2012.

wurde, »außer er ist richtig süß« (8); eine junge, scheue bleiche Frau, die von ihrem Mann geschlagen und verfolgt wurde, und die Hilfe einer Schwarzen Frau ablehnte (9); die Geliebte, die die Erzählerin verließ, weil »Frauen, die bedürftig sind, ohne dich zu wollen, gefährlich sind« (9). *Zami* ist allen, diesen verschiedenen und manchmal widersprüchlichen Frauen* gewidmet und»[d]en anderen, die halfen, indem sie mich in die gnadenlose Sonne stießen – ich kam hervor, schwarzgebrannt und heil.« (10)

Die kulturelle und sexuelle Identität der Erzählerin ist geprägt von der »gnadenlosen« Sonne, die in vielen Kulturen und auch in afrikanischen Traditionen ein männliches Prinzip verkörpert, von der sie aber nicht verbrannt wird, sondern die sie schwarz brennt, überleben lässt – und heilt. Das männliche Prinzip der Sonne verbindet sich mit dem Coming-out der Protagonistin und lässt sie zur westafrikanischen Gottheit Afrekete werden. Dieser und sich selbst widmet sie ihre Mythobiografie: »Den in den Wanderjahren entstandenen Teilen meiner selbst. Werdend. Afrekete« (10).

Mit »Afrekete« gibt Lorde der Gottheit Esu-Elegbara/Legba einen weiblichen Namen. Legba ist der Sohn/die Tochter der Mutter/Vater Gottheit Mawulisa (Seboulisa/Yemanjà), Linguist*in, Reisende*, Trickster und Interpret*in des Schicksals der Menschen (*Fa*). In *Zami* verschmelzen diese verschiedenen Identitäten zum Selbst der Erzählerin.

Die drei Hauptteile des Buches behandeln die Kindheit und Jugend der Erzählerin in Harlem in den 1940er Jahren, ihre Reise nach Mexiko, wo sie die Bestätigung ihrer sexuellen und politischen Identität findet, und ihr Leben als junge lesbische Frau in New York City in den 1950er Jahren. Die Struktur des Buches ist zyklisch und verbindet das Ende mit dem Anfang durch das Motiv Heimat als geografischer und psychologischer Ort und durch den Mythos der Orisha Gottheit Afrekete, die mit der afroamerikanischen Geliebten der Erzählerin, Kitty, verschmilzt. Wie Chinolose hervorhebt, ist auch der Fluss der Erzählung zyklisch, in etwa siebenjährigen Zeitintervallen, von denen jedes auf einer höheren Ebene des Bewusstseins endet.[47] Das verbindende und zentrale Thema sind Bilder von Frauen*-Freundinnenschaften als Ausdruck afrikanischer kultureller Traditionen, die den Heimatkontinent mit der Schwarzen Diaspora in der Karibik und Nordamerika verbinden. Das erste Kapitel beginnt mit Bildern von Frauen* der karibischen Inseln:

> Die Bewohner[*innen] von Grenada und Barbados gehen wie Afrikaner[*innen]. […] Als ich auf Grenada war, sah ich sie durch die Straßen gehen. Die Ursprünge der Kräfte meiner Mutter. Ich dachte, dies ist das Land meiner Ahninnen, der vor mir gebärenden und gewährenden Mütter, jener Schwarzen Inselfrauen, die sich durch das definierten, was sie taten. (12)

Dieses Bild der stolzen Schwarzen Inselfrauen* wird der rassistischen Realität in New York gegenübergestellt, in der die Mutter der Erzählerin ihre drei Töchter vor Diskriminierungen und Demütigungen zu schützen versucht, indem sie vorgibt, dass diese nicht existieren. Während eines Familienausflugs mit dem Zug nach Washington D.C. sagt sie ihren Kindern, dass das Essen im Speisewagen zu teuer sei, »und man außerdem nie wisse, wie viele Hände schon mit dem Essen gespielt hatten oder wo diese Hände vorher gewesen waren«, ohne jemals zu erwähnen, »dass es Schwarzen 1947 nicht erlaubt war, in Zügen Richtung Süden die Speisewagen zu betreten.« (87) Linda Belmar Lorde ist entschlossen, ihre Töchter um jeden Preis vor Rassismus zu schützen, und dies ist der Kern ihres doppelten Bewusstseins, ihres Stolzes und ihrer Assimilation, ihrer Wut

47 Vgl. Chinolose in Joanne M. Braxton und Andrée Nicola McLaughlin, 1990, S. 318.

und ihres Wunsches nach Versöhnung, ihrer strengen Autorität und ihrer liebevollen Zärtlichkeit gegenüber ihren Kindern, ihren Fähigkeiten als Geschichten-Erzählerin und ihrer Sprachlosigkeit. Wie Zora Neale Hurstons Janie[48] weiß Linda Belmar Lorde, dass sie ein äußeres und ein inneres Selbst hat und ist vorsichtig darauf bedacht, diese Seiten ihres Selbst getrennt zu halten. Rassismus ist unnatürlich, böse und destruktiv, und sie will ihn von ihrem Familienleben fernhalten. Speisewagen sind schmutzig und zu teuer, die Spucke des Rassisten auf dem Mantel ihrer Tochter ein Zufall, vom Wind verursacht und von dem »niederen Pack, Leute, die ohne Verstand und Benehmen überall in den Wind spuckten« (22). Sie warnt ihre Tochter davor, *w*eißen Menschen zu vertrauen, ohne dem Kind jemals zu erklären warum. So wie schon in den Plantagengesellschaften führt die Entschlossenheit der Mutter zu überleben und ihre Kinder zu beschützen zu einer gewissen Distanz zwischen Mutter und Tochter. Gleichzeitig hat sie *w*eiße Wertvorstellungen und Schönheitsideale wie eine helle Haut und »gute« Haare verinnerlicht und mittels strenger, zuweilen sogar brutaler Mittel zwingt sie ihre Töchter, sich der herrschenden Gesellschaft anzupassen. Es gibt jedoch Momente, in denen diese Entfremdung überwunden wird durch weibliche Zuneigung und einer ihr zugrundeliegenden kulturellen Tradition. So erzählt die Mutter ihren Töchtern die Familiengeschichte, teilweise in Patois, und die Erzählerin in *Zami* erinnert sich, dass der »sinnliche Gehalt des Lebens [...] maskiert und kryptisch [blieb], [...] aber in gut verschlüsselten Begriffen behandelt [wurde]« (40), und dass sie früh lernte, die verschlüsselte und doppel-

48 Vgl. Zora Neale Hurston, 1978, 2011.

deutige Sprache und das Verhalten ihrer Mutter zu verstehen, wenn diese sich »in ihrem Element fühlte« und aus ihrem Mund »eine Welt von Kommentaren voller abenteuerlicher Konstruktionen und surrealer Szenen [sprudelte]« (40). Kulturelle Identität und kulturelle Differenz sind binäre Oppositionen im Leben von Linda Belmar Lorde, aber zwischen diesen Widersprüchen bereitet sie einen Weg für ihre Kinder, für eine Dichterin, die sich selbst, ihrer Mutter und ihren Ahninnen eine Stimme gibt, die ihre Bedeutung zum Ausdruck bringt, als Stimme der zum Schweigen gebrachten. So stellt die Erzählerin in *Zami* fest:

> Ich bin eine Widerspiegelung der geheimen Gedichte meiner Mutter wie auch ihres verborgenen Zorns. (40)

So wurzeln die Frauen*beziehungen in *Zami* in einer starken, wenn auch widersprüchlichen Beziehung zwischen Mutter und Tochter und auch darin, dass Linda Belmar Lordes Entschlossenheit ihre Kinder zu verteidigen und ihre Art sie zu lieben eine Distanz zu ihnen schafft, die auf ihrem eigenen gespaltenen Bewusstsein basiert. So erinnert sich die Stimme der Erzählerin in *Zami*:

> Im Hause meiner Mutter gab es keinen Platz für Irrtümer oder Fehler.
> Schwarz zu sein war für mich zunehmend gleichbedeutend mit meinem Verlangen nach Leben, nach Bestätigung, nach Liebe, nach Gemeinsamkeit – ich ahmte nach, was meine Mutter in sich trug, unerfüllt. Ich wurde Schwarz wie *Seboulisa*, die ich

einige Lebensspannen später in den kühlen Lehmhallen von Abomey entdecken sollte – und ebenso einsam. Die Worte meiner Mutter lehrten mich alle Arten listiger Ablenkungs- und Verteidigungstaktiken, die sie von der Zunge des weißen Mannes, aus dem Munde ihres Vaters gelernt hatte. Sie hatte diese Taktiken benutzen müssen und hatte mit ihrer Hilfe überlebt und war gleichzeitig durch sie auch ein wenig gestorben. (73)

Auf historischer Ebene waren für Afrika*nerinnen in der Diaspora das Bedürfnis und die Notwendigkeit Ordnung im Chaos herzustellen und auch aus der Ferne liebevoll zu sein immer bedeutsam im Kampf um das Überleben, insbesondere für Schwarze Frauen* in den Amerikas, die seit den Zeiten der Versklavung gezwungen waren, eine solche Doppelstrategie anzunehmen. Von den frühen Kindheitstagen bis zu ihrer Reise zu sich selbst beschreibt Audre Lorde in *Zami* die starke Bindung zu ihrer Mutter, aber auch die Entfremdung und ihre eigenen Versuche aus sozialen und persönlichen Einschränkungen auszubrechen und einen Ort und eine Stimme für sich selbst zu finden. *Zami* ist der afrikanischen Vergangenheit gewidmet, dem Konzept der Einheit allen Lebens mit der Erde und der Frau* als Zentrum des Lebenszyklus:

Frau für immer. Mein Körper eine lebendige Form anderen älteren längeren weiseren Lebens. Die Berge und Täler, Bäume, Felsen. Sand und Blumen und Wasser und Stein. In der Erde geschaffen. (11)

Wie Chinosole hervorhebt »bedeutet ›matrilineal‹ bei Lorde die mythische und legendäre Verbindung zu afrikanischen Frauen*, die legendäre und historische Verbindung zu den Frauen* in der Karibik und die autobiografische Verbindung zu ihrer Mutter und den Schwarzen Frauen*, unter denen sie in ihrer Community aufwuchs.«[49] Eine der frühesten Erfahrungen der Erzählerin in *Zami* ist die Stärke und der Stolz ihrer Mutter, aber auch die Sehnsucht des Kindes nach Zärtlichkeit und Wärme. Ihre Eltern arbeiten die ganze Woche lang hart für das Auskommen der Familie, und an frühen Samstagmorgenden genießt die kleine Audre die Ruhe und klettert zufrieden zu ihrer lächelnden Mutter ins Bett.

> Ihr Geruch nach Glyzerin und Flanell. Die Wärme. Sie liegt halb auf dem Rücken, ein Arm ist ausgestreckt, den anderen hat sie über die Stirn geworfen. [...] Ihre großen weichen Brüste unter dem zugeknöpften Flanell ihres Nachthemds. Darunter die gerundete Wölbung ihres Bauches, still und zum Berühren einladend. (41 f.)

Doch solche intimen Momente einer zärtlichen Mutter-Tochter-Beziehung sind kurz und selten und lassen das Kind wieder mit einem Gefühl von Einsamkeit zurück. So vermischen sich Distanz und Wut, die die Erzählerin in ihrer Jugend oft empfand, mit Gedanken des Verstehens und der Zugehörigkeit und dem historischen Konzept eines afrikanischen matrifokalen Kontinuums in den Be-

---

49 Chinosole in Joanne M. Braxton und Andrée Nicola McLaughlin, 1990, S. 387, Übers. M.K.

ziehungen zwischen Schwarzen Müttern* und Töchtern*. Aus einer solchen historischen und psychologischen Perspektive ist eine der bedeutsamen Szenen in *Zami* die Erinnerung der Erzählerin an Nähe und Wärme in den Momenten, in denen die Mutter die Haare ihrer Tochter kämmt.

In verschiedenen Gesellschaften hat Haar immer eine bedeutsame Rolle bei der Sozialisation und Initiation von Mädchen gespielt. In zahlreichen Märchen der westlichen Welt ist es eine wichtige Metapher, und oft werden die Schönheit und die Struktur der Haare eines Mädchens direkt auf ihr Schicksal bezogen. In vielen verschiedenen Kulturen waren Haare und Frisuren ein Ausdruck des sozialen Status, und vom alten Ägypten bis nach Großbritannien in der Gegenwart wird und wurde dieser dargestellt und repräsentiert in Skulpturen und Perücken, die oft als Zeichen der Macht galten und gelten. Eines der rebellischen und gefeierten US-amerikanischen Musicals der 1960er Jahre, die den Beginn der Stud*entinnen-, der feministischen- und der Black Power-Bewegung markierten, trug nicht umsonst den Titel »Hair«. Warum Haare in verschiedenen Kulturen über die Jahrhunderte hinweg so eine große Rolle spielen, wäre weitere Untersuchungen und Analysen wert. In afrikanischen Kulturen hat das kunstvolle Flechten und Frisieren von Haaren eine kulturelle Tradition und es gilt als künstlerische Fertigkeit von Frauen*, die von Generation zu Generation weitergegeben wird. Diese künstlerische Fertigkeit kann authentisch nur mit der Struktur afrikanischer Haare angewendet werden. Afrikanisches Haar wurde jedoch in den rassistischen Gesellschaften der Amerikas negativ gesehen und wurde zur Rechtfertigung von Unterdrückung und Diskriminierung benutzt. So spielt Haar in der afroamerikanischen Literatur eine wichtige metaphorische und politische Rolle. Auch Hurstons Janie in *Their Eyes Were Watching God* (Vor ihren Augen sahen sie Gott) wird in der Black Community wegen ihrer schönen langen Haare bewundert. Als dort nach einer Flutkatastrophe die Todesopfer nicht mehr identifiziert werden können, wird Haar nicht nur zum Ausdruck verschiedener Schönheitskonzepte, sondern für rassistische Diskriminierung. Als die Körper nicht mehr durch ihre Hautfarbe unterschieden werden können, wird nach der Struktur der Haare differenziert:

> »Und was ist mit den Farbigen? Gibt's für die auch Särge?«
> »Nö, gibt nicht genug für alle. Streut einfach ordentlich Kalk drüber und dann Erde drauf.«
> »Ein Quatsch! Bei manchen von den Leichen kann doch kein Mensch mehr was sehen, so wie die zugerichtet sind. Da siehst du nicht, ob die weiß oder schwarz sind.«
> Die Aufpasser berieten sich lange darüber. Schließlich kamen sie zurück und erklären den Männern: »Kuckt euch die Haare an, wenn ihr's sonst nicht erkennen könnt.«[50]

In den Konflikten zwischen Schwarz und *weiß* in den USA, auch in diskriminierenden Schönheitskonzepten hinsichtlich sogenannter Hautfarbe, Gesichtszügen und insbesondere Haar, wird die Rolle, die phänotypische Merkmale spielen, auf verschiedene Weise deutlich. Für afroamerikanische Frauen* waren unterschiedliche Frisuren,

50 Zora Neale Hurston, 1937, deutsch 2011, S. 225-226.

wie geglättete Haare, Afros, geflochtene Haare, Dreadlocks, oftmals Ausdruck verschiedener Selbstdefinitionen und wurden als politische Signifikanten entweder der Assimilation oder der Rebellion interpretiert. Audre Lorde reflektiert dies in zugespitzter Weise in einem Essay mit dem Titel (»Ist dein Haar noch politisch?«).[51] Unabhängig von diesen Implikationen geht es hier auch um ein afrikanisches kulturelles Element, um intime Begegnungen von Frauen*, insbesondere von Müttern* und Töchtern*, und, wie in der Erzählung *Zami*, um Ausdrucksformen persönlicher und kultureller Identität.

> Ich saß zwischen den geöffneten Knien meiner Mutter, ihre kräftigen Knie hielten meine Schultern fest wie eine wohlbewachte Trommel, mein Kopf lag in ihrem Schoß, während sie bürstete und kämmte und ölte und flocht. Ich spüre die kräftigen rauen Hände meiner Mutter überall in meinem wilden Haar, während ich mich auf einem niedrigen Hocker oder einem gefalteten, auf dem Fußboden liegenden Handtuch herumwinde, meine aufsässigen Schultern zusammenziehe und vor dem unerbittlichen Kamm mit seinen scharfen Zähnen wegzucke. Jedes Mal, wenn ein federndes Zöpfchen gekämmt und geflochten ist, tätschelt sie es zärtlich und geht zum nächsten über. [...]
> Ich erinnere mich an den warmen Muttergeruch, der sich zwischen ihren Beinen fing, und die Nähe unserer körperlichen Berührung, die in den Angstschmerz eingelagert war wie eine Muskatnuss in ihre Umhüllung aus Muskatblüte.

---

51 Audre Lorde in AnouchK Ibacka Valiente, 2019, S. 62-68.

> Das Radio, der kratzende Kamm, der Geruch von Vaseline, der feste Griff ihrer Knie und meine stechende Kopfhaut, das alles fällt zusammen in – *die Rhythmen einer Litanei, die Rituale Schwarzer Frauen, die das Haar ihrer Töchter kämmen.* (41)

Lorde verbindet hier Geschichten, Mythen und Rituale mit ihrer autobiografischen Erzählung und Kindheitserinnerungen. Ihre Geschichte basiert auf persönlichen Erfahrungen und Entwicklungen und den Geschichten ihrer Mutter und ihrer Ahninnen*. Das Flechten der Haare, ebenso wie die »geheime Poesie« ihrer Mutter, ist für das Kind Audre etwas Besonderes, so wie der Mörser ihrer Mutter und »alles, was von ›daheim‹ kam, [...] schlicht etwas ganz Besonderes« (90) war. Der Mörser und der Stößel wurden benutzt, um Knoblauch und andere Gewürze zu zermahlen für die Zubereitung eines karibischen Gerichtes mit eingelegtem Fleisch, ein Essen, das die junge Audre sich immer wünscht, wenn die Kinder sich etwas aussuchen dürfen. Das Benutzen des Mörsers und des Stößels bei der Zubereitung des Essens erfüllt das junge Mädchen mit intensiver und erotischer Freude. In »Uses of the Erotic: The Erotic as Power« (Vom Nutzen der Erotik: Erotik als Macht) schreibt Audre Lorde:

> Eine [...] wichtige Funktion des erotischen Kontakts ist die offene und furchtlose Bejahung meiner Fähigkeit, Freude zu empfinden. So wie mein Körper sich zur Musik bewegt, auf einen tieferen Rhythmus lauscht und sich hingibt, kann ich auch auf anderen Ebenen fühlen und mich der erotisch befriedigenden Erfahrung

hingeben – egal, ob ich tanze, ein Bücherregal zusammenbaue, ein Gedicht schreibe oder einem Gedanken nachgehe.[52]

Dieses befriedigende Gefühl des Lebensrhythmus ist der Kern einer der wesentlichsten und schönsten Szenen in *Zami*: Die Beschreibung der Bewegung des Mörsers und des Stößels, das »hoch, runter, rundherum und hoch«, das das junge Mädchen »in eine Welt von Duft und Rhythmus und Bewegung und Geräusch« (93) trägt auf dem Weg von der Kindheit zum Frau*sein. Die Fünfzehnjährige menstruiert zum ersten Mal, als sie zum letzten Mal ihr karibisches Lieblingsessen in der Küche ihrer Mutter zubereitet. Es ist das Ende eines Lebensabschnitts und der Beginn eines neuen, als die junge Audre beim Zerstampfen der Gewürze den Rhythmus ihrer Bewegung wie im Traum erlebt:

> Ich summte tonlos in mich hinein, während ich in der warmen Küche arbeitete, und dachte voll Erleichterung daran, wie einfach mein Leben sein würde, nun da ich eine Frau geworden war. (99)

Dieses Gefühl versetzt sie in die Lage, zum ersten Mal in ihrem Leben ihrer Mutter zu widersprechen, als diese kritisiert, dass sie zum langsam bei der Zubereitung des Essens sei. Chinosole interpretiert dies als »offene Rebellion« Audres und als Ausbruch aus dem Haus ihrer Mutter.[53] Jedoch ist Audres Befreiung vom Einfluss ihrer Mutter ein langer und schmerzvoller Prozess, der von dieser mit

52 Audre Lorde, 2021, S. 55 f.

53 Chinosole in Joanne M. Braxton und Andrée Nicola McLaughlin, 1990, S. 387.

»ängstlichen und bekümmerten Blicken« (107) beobachtet wird. Dieser Prozess ist erst abgeschlossen mit dem Tod der besten Freundin Audres, Gennie. Die Mörser-Szene ist vielmehr ein Symbol der Gemeinsamkeiten zwischen Mutter und Tochter, einer Frauenbeziehung gemeinsamer Akzeptanz, nun da die Erzählerin kein Kind mehr ist.

> Meine Mutter kam von der Arbeitsfläche auf mich zu und legte mir ihren schweren Arm um die Schultern. Ich roch die ihr eigene Wärme, wie sie zwischen Arm und Körper aufstieg, vermischt mit dem Geruch von Glyzerin und Rosenwasser und dem Duft ihres dicken Haarknotens.
> »Ich mache das Abendessen fertig.« Sie lächelte mich an, und in ihrer Stimme lag eine Zärtlichkeit und ein Fehlen von Verärgerung, das mir willkommen, aber gänzlich unvertraut war.
> »Komm jetzt rein und leg dich auf die Couch, ich mach dir eine heiße Tasse Tee.«
> Ihr Arm um meine Schultern war warm und ein bisschen feucht. Ich ließ meinen Kopf an ihrer Schulter ruhen, und als sie mich in die kühle, abgedunkelte Stube führte, bemerkte ich plötzlich erfreut und überrascht, dass ich fast so groß war wie meine Mutter. (101)

Wie schon zuvor in dieser Szene werden Gefühle der Freude und eines neuen Selbstbewusstseins in der Beschreibung von Gerüchen vermittelt, verbunden mit dem Duft der Gewürze von »*daheim*, ein weit entfernter Ort«, wie sich die Erzählerin erinnert, »an dem ich nie gewesen, der mir aber aus dem Munde meiner Mutter wohlbekannt war« (16). So dient die Mörser-und-Stößel-Szene in *Zami* als Symbol für das neue Selbstbewusstsein der Tochter und ihre ersten Versuchen der Rebellion und des Ausbruchs. Aber viel mehr noch unterstreicht sie die kulturellen Bande von Mutter und Tochter, das Kontinuum von Traditionen, die Harlem mit der Karibik und den afrikanischen Ursprüngen verbinden.

Dieses kulturelle Dreieck der Unterbrechung und des Kontinuums von Identität und Differenz wird symbolisch in einfachen alltäglichen Erfahrungen transportiert. Mörser, ein Gegenstand, den jede Frau* von den West Indies besitzt, wie die Erzählerin bemerkt, können auf dem puerto-ricanischen Markt in New York City gekauft werden. Aber sie sind »irgendwie nicht so gut« wie die von »daheim« (90), die die Erinnerung wachhalten, so wie die traditionellen westindischen Gerichte der Mutter, für die sie tropische Früchte auf dem Markt unter der Brücke sucht, so wie ihre gebratenen Bananen und ihre Liebe für Fische und das Meer (16). Dies sind Linda Belmar Lordes Verbindungen zur Heimat, zur Erde, zu deren Gerüchen, Jahreszeiten und einem anderen Lebensrhythmus. Sie dienen als Metaphern für die Arbeit, den Überlebenskampf und die Liebe Schwarzer Frauen* und verbinden »die Insel« und das afrikanische Erbe mit Nordamerika. Hinter dem äußeren Selbst, das Linda in den USA angenommen hat, lebt die matrilineare Bewahrerin von Zeit und Raum, die natürliche Heilerin, die Geschichtenerzählerin.

Linda wusste um die Kostbarkeit alles Grünen und um die beruhigende Heilkraft des Wassers. Wenn meine Mutter Samstag-

> nachmittags mit dem Saubermachen fertig war, gingen wir manchmal einen Park suchen, wo wir sitzen und die Bäume beobachten konnten. Manchmal gingen wir hinunter zum Ufer des Harlem River am Ende der 142nd Street und schauten aufs Wasser. [...] Wenn wir am Wasser waren, wurde meine Mutter still und sanft und verlor sich in Gedanken. Dann erzählte sie uns wunderbare Geschichten von Noels Hill in Grenville, Grenada, mit seiner Aussicht auf das Karibische Meer. Sie erzählte uns Geschichten von Carriacou, wo sie, umgeben von schwerem Limonen-Duft, zur Welt gekommen war. Sie erzählte uns von Pflanzen mit heilender Kraft und von Pflanzen, die einen verrückt machten, und das meiste verstanden wir Kinder nicht, weil wir sie alle nie gesehen hatten. (16)

In Lordes Erinnerungen an ihre Mutter verbinden sich lebhafte Beschreibungen von Essen, Früchten und Pflanzen mit Bildern von Wassern und Bäumen, die in afrikanischen Traditionen den Ursprung der Schöpfung und Orte der Geister der Ahn*innen symbolisieren. Wasser und Bäume sind belebt, und Linda führt ihre Töchter in Parks oder an die Ufer des Flusses, nicht nur um sie zu betrachten, sondern um sie zu beobachten. In Voodoo Religionen ist der Baum auch ein Symbol für die Gottheit Esu/Legba-Elegba (Afrekete), die* Sprachkünstler*in, und in westafrikanischen Traditionen werden Wasser, Seen, Flüsse, Ströme und das Meer auch mit Gottheiten und Geistern assoziiert.[54] Lindas Weichheit und Gedankenverlorenheit, wann auch

54 Vashti Crutcher Lewis in Joanne M. Braxton und Andrée Nicola McLaughlin, 1990, S. 318.

immer sie am Wasser ist, kann als spirituelle Verbindung mit der Vergangenheit ihrer Ahninnen* interpretiert werden, und die Beobachtung der Bäume macht sie zu einer Geschichtenerzählerin, die ihren Kindern die Welt aus einer anderen Perspektive erklärt. All dies steht im Gegensatz zu der Realität der Familie in der modernen Metropole New York. Viele von Lindas Geschichten erscheinen ihrer Tochter jedoch als reine Fantasien, da sie Carriacou weder auf Landkarten, noch in ihrem Schulatlas finden kann. Dennoch erinnert sie sich später:

> Doch tief in meinem Innern blieb *daheim*, bis ich erwachsen war, ein paradiesischer Ort irgendwo weit weg, den noch niemand auf Papier hatte einfangen oder zwischen die Seiten eines Schulbuchs pressen und einbinden können. Es gehörte nur uns, war mein ganz privates Paradies voll Blugoe und Brotfrucht an den Bäumen, voll Muskat und Limonen und Sapadilla, Tonkabohnen und rotgelben Paradies-Pflaumen. (18)

Jahre nach diesen traumhaften Kindheitserfahrungen entdeckt die erwachsene Erzählerin Carriacou im Atlas der *Encyclopaedia Britannica*, »der schon immer voll Stolz die Genauigkeit seines Kartenmaterials der eigenen Kolonien preist.« (18) So wie die Bilder der Früchte aus dem »Paradies« sich von der in Lexika, Atlanten und Schulbüchern dargestellten Weltordnung unterscheiden, so unterscheidet die kindliche Erzählerin ihre Mutter von anderen Frauen.

> *Was machte sie anders?* Ich wusste es nie. Doch das ist der Grund, warum ich bis heute glaube, dass es immer schon Schwarze Lesben gegeben hat – im Sinne von starken und frauenzentrierten Frauen, die lieber gestorben wären, als sich selber so zu nennen. Und meine Momma war eine von ihnen. (19)

Lordes Mutter in *Zami* gehört zu den Frauen*, die »wie Deiche« zwischen ihr »und dem Chaos« (7) stehen und sie nach Hause, zu sich selbst führen. In diesem Kontext bezieht sich »frauenzentriert« auf die selbstbewussten und starken Frauen* von Carriacou, die sich selbst definieren, deren Stärke und Schönheit eine Legende auf Grenada ist (17). Die Beschreibung der Frauen*, deren Männer, die zur See fahren, abwesend sind, der Frauengemeinschaften, die das Regenwasser auffangen, säen und ernten, die sich gemeinsam um die Kinder kümmern, feiern und tanzen (17) ist ein Lob frauen*zentrierter Frauen* auf der Basis des gemeinsamen Überlebenskampfes und der Tradition afrikanischer Frauenhaushalte. Obgleich diese Beschwörung der realen und imaginierten kulturellen Vergangenheit der Mutter der Erzählerin jenseits von Sexualität ist, hat sie eine starke erotische Komponente im Sinne von Lordes Definition der Macht der Erotik.[55] Lorde verfolgt diese matrilinearen und matrifokalen Kräfte zurück zu den karibischen Frauen*, deren Geschichten sie aus dem Mund ihrer Mutter hörte. Es sind Geschichten ihrer eigenen Ahninnen* und von »daheim«, das »ein weit entfernter Ort« war.

55 Vgl. Audre Lorde, 2021, S. 51 ff.

> Von Carriacou stachen die Belmar-Zwillinge auf kleinen Schonern in See, die sie zuerst und dann für länger nach Grenville brachten, wo sie die Noel-Schwestern heirateten, Mädchen von der Hauptinsel.
> Die Noel-Mädchen. Ma-Liz' ältere Schwester folgte ihrem Belmar zurück nach Carriacou, kam als Schwägerin an, blieb und wurde zur eigenständigen Frau. Bewahrte die Weisheiten der Wurzeln, die ihre Mutter, Ma-Mariah, sie gelehrt hatte. Lernte andere Geheimnisse von den Frauen auf Carriacou dazu. Und in einem Haus in den Hügeln hinter L'Esterre half sie allen sieben Töchtern ihrer Schwester Ma-Liz auf die Welt. Von ihren wartenden Händen wurde meine Mutter Linda bei der Geburt liebevoll empfangen. (17)

Lordes Familiengeschichte in *Zami* ist eine Geschichte frauen*zentrierter Frauen*, eine Geschichte des Zusammenhalts von Frauen*, von starken weiblichen Ehepartnerinnen und männlichen Töchtern, die neue Generationen hervorbringen und afrikanische Traditionen bewahren. In diesem Sinne bedeutet frauen*zentriert der Bezug auf eine kulturelle Tradition. In einem anderen Kontext ist die Selbstdefinition als Schwarze Lesbe ein politischer Akt, eine Betonung der Differenz als Überlebensstrategie, durch die mit der Rekonstruktion des kulturellen Erbes das Andere, »the other«, dekonstruiert wird. So wird die Bejahung der Differenz zu einem Werkzeug der Befreiung und Veränderung. Auf der persönlichen Ebene werden in *Zami* in lebendigen und bewegenden Szenen, die realistisch, symbolisch und mysteriös zugleich sind, lesbische Identität und lesbische Beziehungen zelebriert. Doch der Weg, der die Protagonistin zur Selbstakzeptanz und Erfüllung führt, ist nicht ohne Irritationen und Schmerz. Unter ihren *w*eißen Freundinnen* in der High School, die sich »die Gebrandmarkten« nennen (102), bleibt sie eine Außenseiterin. Ihre erste wichtige und beste Freundin, Gennie (108 ff.), begeht Selbstmord. Ginger (162 f.) und Bea (150 f.), ihre ersten Geliebten und ihre *w*eiße Partnerin, Mentorin und Sponsorin in Mexiko, Eudora (203 f.), gehören zu den »gefährlichen Frauen«, die »wollen, ohne zu brauchen« (9). Das Verlangen nach anderen Frauen* kann nur gestillt werden in Erfüllung des Verlangens nach der Einheit des Selbst. *Zami* ist allen Frauen* gewidmet, die Einfluss auf das Leben der Protagonistin hatten, vor allem aber der eigenen Identität in Differenz:

> *Den in den Wanderjahren entstandenen Teilen meiner selbst.*
> *Werdend.*
> *Afrekete.* (10)

Letztlich bilden Afreketes Geschichte und Mythos das zentrale Bindeglied in *Zami.* Aus der »Sub-Szene« im Greenwich Village der 1960er Jahre entwickeln sich Mythen und Legenden der afrikanischen Trickster-Gottheit, die durch die Lüfte schwebt. Die Grenzen zwischen Realismus und Surrealismus, Mythos und Geschichte, der Natur und dem Übernatürlichen sind fließend. In einer sehr erotischen und symbolischen Liebesszene führt die Protagonistin ihre Schwarze Geliebte nach Hause, in einem Klimax in Bildern tropischer Früchte und wie in einem Flug über Wolken, aus dem sie verbunden und doch einsam, zerrissen und geheilt zurückkehrt. Daraus entstehen Gedanken an ihre Kindheit, an ihren Vater, ihre Mutter, ihre tote Freundin Gennie, ihre weitverzweigte Familie und der Wunsch nach positiver Veränderung (316 f.).

Kitty/Afrekete ist ein Bindeglied in der zyklischen Struktur von *Zami*. Die junge Lesbe, die die Erzählerin im »Village« trifft, verwandelt sich in die Trickster-Gottheit und wird Afrekete. In einer Vollmond-Nacht auf dem Dach eines Hochhauses in Harlem lieben sich zwei Schwarze Frauen* am Scheideweg einer Reise zu sich selbst.

> *Afrekete, Afrekete, reite mich zum Kreuzweg, dort werden wir schlafen, von Frauenmacht umhüllt.* (320)

Die autobiografische Stimme in *Zami* beschreibt realistisch die Kindheits- und Jugenderfahrungen der Erzählerin. Sie wird jedoch mehrfach durch eine poetische Stimme ersetzt, wenn der Text von Frauen*beziehungen, Liebesszenen oder Mythen handelt, und Afrekete vereint diese drei Aspekte. Kitty/Afrekete ist wie die westafrikanischen Trickster-Gottheiten die Wächterin am Kreuzweg, die der Erzählerin den Weg weist zu ihrer afrikanischen Vergangenheit, zu ihren Ahninnen* und zu sich selbst. Dies wird vermittelt in Bildern von Früchten, Metaphern des Nährens und des Bejahens kultureller Differenz als Überlebens-Werkzeug in der afrikanischen Diaspora. Der Gegenüberstellung des unterschiedlichen kulturellen Erbes entspricht der verschiedene Sprachgebrauch in Lordes Bildern von Afrekete:

> Und ich erinnere mich an Afrekete, die aus einem Traum zu mir kam, immer so hart und wirklich wie die Feuerhaare am unteren Rand meines Nabels. Sie brachte mir lebende Dinge aus dem Busch und von ihrer Farm für Yamswurzeln und Cassavaknollen – die magischen Früchte, die Kitty auf den westindischen Märkten an der Lenox Avenue in den 140er Straßen kaufte, oder in den puertorikanischen *bodegas* auf den betriebsamen Märkten drüben zwischen Park Avenue und der 116th Street, unter dem Brückengerüst der Central Railroad.
> »Das hab ich unter der Brücke gekauft«, war ein Spruch aus uralten Zeiten, der ausreichend erklärte, dass das jeweils gekaufte von soweit zurück und so nahe von »daheim« kam, also so authentisch war wie möglich. (315 f.)

In den Bildern von Früchten und anderen tropischen Gegenständen »von daheim« erscheint Afrekete in den Erinnerungen der Erzählerin wie ihre Mutter. »Uralte Zeiten«, die afrikanische Vergangenheit verbinden sich mit dem afrikanischen grenzenlosen Konzept von Raum, in dem die Liebenden zu einer Person verschmelzen. In Bildern von Freundinnen*schaft, Liebe und Nähren schafft Lorde eine Welt afrikanischer Mythen mit der Schwarzen Frau* im Mittelpunkt. Die Beziehung zwischen der Erzählerin in *Zami* und Afrekete ist flüchtig, aber die Erinnerung an sie ist »stark und mächtig« und hinterlässt eine »emotionale Tätowierung« (321), ein Bild von Frauenliebe, wie in den Bildern der Frauen*, die die Erzählerin zu sich selbst führten, zurück nach Carriacou, wo gesagt wird, »das

Verlangen bei anderen Frauen* zu liegen, sei ein Trieb aus dem mütterlichen Blut.« (323)

Mit ihren zwei Namen, ihrer realen und ihrer mythischen Existenz und der Doppeldeutigkeit ihrer Aussagen repräsentiert Kitty/Afrekete die verschiedenen Phasen der Suche der Erzählerin nach ihrer Identität, ihrer historischen Vergangenheit und ihrer politischen Gegenwart. Diese Suche führt sie zurück zu den Trickster-Gottheiten Westafrikas, zu all den Frauen*, die ihr wichtig waren und zu den Belmar Frauen* auf Carriacou, zurück zu

> Ma-Liz, DeLois, Louise Briscoe, Tante Anni, Linda und Genevive; MawuLisa, Donner, Himmel, Sonne, unser aller große Mutter; und Afrekete, ihre jüngste Tochter, die schalkhafte Sprachkünstlerin, Gauklerin, Meistgeliebte, zu der wir alle werden müssen. (322)

Lorde selbst ist in dieser Biomythografie zur Trickster-Figur und Sprachkünstlerin geworden. *Zami* ist eine Autobiografie, doch auch viel mehr, und auch viel weniger. Die Les*erinnen erfahren nichts über die Ehe der Autorin mit einem *w*eißen jüdischen Mann, über ihre zwei Kinder, ihre lange Beziehung zu einer *w*eißen Frau, ihren Kampf gegen den Krebs, ihr politisches Engagement in verschiedenen Teilen der Welt. *Zami* ist eine Geschichte über Identität und Differenz, über Entfremdung und Ganzheit, über Schwarze Frauen*, die zu sich selbst finden. *Zami* zelebriert Schwarze Frauen* und ihre Töchter* als Bewahrerinnen* des afrikanischen Kontinuums und als

Überlebende in der Diaspora. Die lesbischen Liebesszenen am Ende von *Zami* bilden den Anfang und das Ende eines Lebenszyklus auf verschiedenen Ebenen: Strukturell verbinden sie den Anfang und das Ende der Erzählung, symbolisch vereinen sie die Früchte der Natur mit dem menschlichen Leben, politisch schreiben sie das scheinbar unaussprechliche in den Text ein, indem sie den zum Schweigen gebrachten eine Stimme verleihen und manifestieren, dass es »im Überlebenskampf keinen Ort gibt, der nicht daheim sein kann«.[56]

Dieses Brechen von Schweigen bildet den Kern in Lordes Gesamtwerk und in ihrem politischen Engagement. Dies wird auch deutlich in ihrer selbstbewussten Aussage, dass ihr Lesbischsein sowie ihr Schwarzsein eine Tatsache ihres Lebens ist, die sie weder rechtfertigen noch erklären muss.[57] So haben, wie Patricia Hill Collins feststellt, Lordes Werke ein neues Kapitel in der afroamerikanischen Literatur eröffnet:

> Eine der wichtigsten Herausforderungen Schwarzer feministischer Theorien sind die Stimmen Schwarzer Lesben. Ein wesentlicher Beitrag Schwarzer lesbischer Theoretikerinnen* und Aktivistinnen* besteht in der Offenlegung von Homophobie und deren negativen Einflüssen auf afroamerikanische Frauen. […] Ein Grund, warum Schwarze Frauen* hinsichtlich Schwarzer lesbischer Beziehungen zum Schweigen gebracht wurden, ist die

56 Audre Lorde, 1976, ii. Übers. M.K.

57 Vgl. Barbara Smith in Joanne M. Braxton und Andrée Nicola McLaughlin, 1990, S. 238.

traditionell im eurozentristischen Denken verankerte Ausgrenzung von Lesbischsein als das ultimative »Andere«.[58]

In ihrer Bejahung der Differenz dekonstruiert Audre Lorde dieses Wahrnehmen des »ultimativ Anderen« und verbindet ihre positive Beschreibung lesbischer Liebe mit ihren Erfahrungen und Visionen von Liebe im Allgemeinen, mit dem Zusammenhalt von Frauen* und afrikanischen matrifokalen Traditionen. Wie in vielen ihrer Gedichte, insbesondere in denen in *The Black Unicorn*, ist Lordes Bezug auf afrikanische Weltanschauungen in *Zami* Ausdruck der Wiederaneignung ihrer afrikanischen Vergangenheit. Dies wird auch deutlich in Berichten über ihre Reisen nach Westafrika, wo sie ihr Interesse an und ihre Forschungen zu der Yoruba Mythologie vertiefte, insbesondere in Nigeria und Benin, den geographischen Regionen des historischen Dahomey. Diese uralten Mythen bescherten der Dichterin einen Reichtum an Einsichten, Weisheit und Reife.[59] Zu *Zami* schreibt Lorde selbst:

> Es ist eine Mythobiografie, die tatsächlich Fiktion ist. Es enthält biografische und historische Elemente und Mythen. In anderen Worten, es ist Fiktion, die sich aus vielen Elementen speist. Dies ist eine Möglichkeit, unsere Visionen zu erweitern.[60]

---

58 Patricia Hill Collins, 1991, S. 192. Übers. M.K.

59 Vgl. Jerome Brooks in Mari Evans, 1984, S. 274.

60 Audre Lorde in Claudia Tate, 1985, S. 115, Übers. M.K.

Aus verschiedenen kulturellen, historischen und persönlichen Quellen und Erfahrungen zu schöpfen und diese zu einer Vision der Zukunft zu transformieren, bildet die philosophische Grundlage in Lordes Gesamtwerk. Für sie gibt es keine universalen Werte in der Definition eurozentristischen Denkens, weil es keine universalen Konzepte von Liebe gibt, sondern nur verschiedene, tiefe menschliche Gefühle[61] und die »Erotik als tiefste Quelle des Lebens, als eine Macht, die uns auf fundamentale Weise am Leben hält«.[62]

Auf verschiedene Weise sprechen aus Lordes Werken die Realität und die Träume afrikanischer Frauen* in der Diaspora, ihre Erfahrungen mit Rassismus und Unterdrückung, einem entfremdeten und distanzierten Leben in modernen Metropolen, aber auch ihres Kampfes um physisches und spirituelles Überleben, um Liebe, Macht und Veränderung. Sie selbst wird zu der Trickster Figur, die sie beschreibt, aber, wie Joan Martin betont, ist »der Trick Ehrlichkeit. Ehrlichkeit.«[63] Diese Ehrlichkeit gründet auf Lordes bahnbrechendem politischen Engagement, mit dem sie den zum Schweigen gebrachten eine Stimme gibt, insbesondere Schwarzen Frauen* und lesbischen Autorinnen*. Sie ist aber auch auf ihrem Kampf gegen den Krebs begründet, den sie in dem Krebstagebuch *Auf Leben und Tod*[64] beschrieben und analysiert hat.

61 Vgl. Patricia Hill Collins, 1990, S. 196.

62 Audre Lorde in Claudia Tate, 1985, Übers. M.K.

63 Joan Martin in Mari Evans, 1984, S. 278, Übers. M.K.

64 Audre Lorde, 1994.

Im Mittelpunkt von Lordes ganzheitlicher Sicht auf die Welt mit all ihren Widersprüchen steht die afroamerikanische Erfahrung, zu der sie kurz nach der Veröffentlichung von *Zami* in einem Interview mit Claudia Tate sagte:

> Afroamerikanische Literatur ist tatsächlich Teil einer afrikanischen Tradition. Afrikanische Traditionen betrachten das Leben gelebter Erfahrung. In vielerlei Hinsicht ähnelt sie östlichen Philosophien, insofern wir uns selbst als Teil einer Lebenskraft sehen; wir sind verbunden, zum Beispiel mit der Luft und der Erde. Wir sind ein Teil des gesamten Lebensprozesses. Wir leben in Übereinstimmung und Wechselwirkung mit dem Rest der Welt als Ganzes. Von daher wird das Leben zu einer Erfahrung statt zu einem Problem, unabhängig davon, wie schlecht oder schmerzhaft es sein mag. Veränderungen werden endemisch entstehen, aus unseren gelebten Erfahrungen und unseren Antworten darauf. [...] Dies bedeutet nicht, Schmerzen und Fehler zu ignorieren, sondern sie als Teil des Lebens zu sehen und aus ihnen zu lernen. Diese Sicht der Welt ist insbesondere afrikanisch, und findet ihren Ausdruck in der besten afroamerikanischen Literatur. Darüber hinaus haben wir die Legenden unseres Kampfes und unseres Überlebens in der »Neuen Welt«.[65]

Zami ist eindeutig eines der klassischen Beispiele für das afrikanische Kontinuum in der Literatur afroamerikanischer Frauen. Aus einer interkulturellen und feministischen Perspektive verdeutlicht

---

65 Audre Lorde, in Claudia Tate, 1985, S. 112, Übers. M.K.

es die Gemeinsamkeiten und Unterschiede zwischen *weißem* und Schwarzem Feminismus* hinsichtlich Politik, Literatur und Literaturtheorie. Gemeinsamkeiten lassen sich leicht feststellen. Beide literarischen Bewegungen haben zum Ziel, eine weibliche* literarische Tradition zu rekonstruieren, patriarchalische ästhetische Normen zu durchbrechen und neue Wege literarischer Ausdrucksformen und textueller Politik zu beschreiten. Ebenso offensichtlich sind Unterschiede und Widersprüche. So hat der feministische* Diskurs im globalen Norden und Westen kulturelle und ethnische Verschiedenheiten von Frauen* und unterschiedliche historische Erfahrungen völlig vernachlässigt oder sie sexuellen und textuellen Differenzen untergeordnet, die oftmals als Rechtfertigung dienten, BPoC Autorinnen* auszuschließen oder zu marginalisieren. Unter dem Einfluss des Post-Strukturalismus und französischer feministischer* Literaturtheorien wurde der Schwerpunkt auf textuelle Differenz[66] verlegt, was zu einem Diskurs über die Bedeutung von Theorie versus Praxis und Literatur versus Politik führte.[67] Die Werke afroamerikanischer Autorinnen* haben solche konstruierten Gegensätze konterkariert, und die Schwarze feministische* Literaturtheorie und -kritik hat konsequent darauf beharrt, mit eigener Stimme zu sprechen. In diesem Kontext hat Alice Walker ihr Konzept von *Womanism* entwickelt, und in diesem Kontext hat Audre Lorde den Untertitel »Eine

66 Diese wurde im späten 20. Jahrhundert auch teilweise von der afroamerikanischen Literaturtheorie übernommen. Vgl. z. B. Henry Louis Gates, Jr., 1984, Gates, 1986, Elaine Showalter in Ralph Cohen, 1989, Barbara Smith in Cheryl A. Wall, 1991.

67 Vgl. Cheryl A. Wall, 1991, Keith E. Byerman, 1986.

neue Schreibweise meines Namens« (A New Spelling of My Name) für ihre Mythobiografie *Zami* gewählt.

Die Konzepte der Differenz afroamerikanischer Autorinnen* sind historisch politisch und textuell und dekonstruieren *w*eiße feministische*/poststrukturalistische Theorien, wie die von Hélène Cixous, die annimmt, dass alle Formen von Schweigen und Unterdrückung eliminiert werden könnten durch die Aufhebung bestehender Widersprüche zwischen männlich und weiblich.[68] Für Schwarze spiegelt dies die Selbstgefälligkeit des *w*eißen Feminismus, so, wie Barbara Christian feststellte: »Irgendeine vergaß, anderen etwas mitzuteilen« (Somebody Forgot to Tell Somebody Something)[69] Die textuelle Differenz in der Literatur Schwarzer Frauen* ist eine offensichtliche Dekonstruktion westlicher literarischer Diskurse und spiegelt sowohl die Freude an textuellen Herausforderungen als auch an politischer Veränderung wider.[70] In diesem Sinne hat Differenz für Schwarze Frauen*, für Schwarze Autorinnen* und Kritikerinnen* eine andere Bedeutung. Sie basiert weder auf einem theoretischen Konstrukt von Differenz noch auf der politisch falschen Annahme der Gleichheit aller Frauen*.[71] Für Audre Lorde bedeutet Differenz immer eine Herausforderung der gegenseitigen Akzeptanz. In der Akzeptanz der Bedeutung ihres Selbst hat Audre Lorde erfolgreich den Text entmystifiziert und zu einem Objekt der Freude gemacht. Doch jenseits der Kritik von Roland Barthes an der westlichen Mystifizierung des

---

68 Vgl. Hélène Cixous, 1977, S. 33-34.

69 Barbara Christian in Joanne M. Braxton und Andrée Nicola McLaughlin, 1990, S. 326. Übers. M.K.

70 Vgl. Marion Kraft/Audre Lorde, 1986.

71 Audre Lorde in Claudia Tate 1985, S. 114, Übers. M.K.

literarischen Textes sieht Lorde in diesem ein Werkzeug im Kampf um das Überleben. Ihr Konzept von der Bejahung der Differenz reicht weit hinaus über das westlicher feministischer* literarischer Theorien, die sich auf männliche, *w*eiße Poststrukturalisten berufen, welche davon ausgehen, dass »es eine Ebene der Beziehung zu den anderen gibt, auf der der Code sexueller Markierungen nicht mehr diskriminierend sein könnte.«[72]

Derridas Konzept der Dekonstruktion könnte zwar einen theoretischen Rahmen für die Analyse von Lordes Werken und denen anderer Schwarzer Autorinnen* bilden. Aber abgeschnitten von ihren historischen und politischen Kontexten und den daraus folgenden emotionalen und politischen Dimensionen würden deren vielfältige Wege des literarischen Ausdrucks und der Selbstdefinition einem weiteren Konstrukt von Universalität geopfert. Schwarze Autorinnen* wie Audre Lorde haben ein Kontinuum der Differenz nicht nur wieder-erfunden, sondern es gelebt. Lordes Transformationen der Schwarzen (weiblichen*, lesbischen*, literarischen, künstlerischen) Identität von der Negation der »Anderen« zur Affirmation der Differenz basiert auf einer afrikanischen Tradition. Wie in afrikanischen Trickster Geschichten zeigt sie beispielhaft auf, dass die Wahrheit von unseren unterschiedlichen Erfahrungen und Perspektiven abhängt. In diesem Sinne ist *Zami* eine Herausforderung unserer kulturell erworbenen Wahrnehmungen der Welt. *Zami* ist eine Autobiografie, aber mehr als das. *Zami* zelebriert afrikanische Mythen und Legenden, obwohl der Ort der Handlung hauptsächlich die Metropole New York ist. Vor allem ist *Zami* eine der ersten realisti-

72 Jacques Derrida, 1982, S. 76, Übers. M.K.

schen Beschreibungen (Schwarzer) lesbischer* Liebesbeziehungen, die sich aber dann zu einem afroamerikanischen *Folk Tale* entwickeln, von versklavten Schwarzen, die »heim« fliegen konnten. Das Buch handelt von Verlangen und Einsamkeit, von Entfremdung und Distanz, aber es zelebriert Frauen*beziehungen, selbst die zu »grausamen« Frauen*. Es ist eine realistische Beschreibung von Harlem in den vierziger, fünfziger und frühen sechziger Jahren des 20. Jahrhunderts, und davon, was es bedeutete dort »Sister Outsider« zu sein, eine Linke in der McCarthy-Ära, eine Schwarze Patriotin im Zweiten Weltkrieg. Und dann werden wir zu einer Liebesszene auf dem Dach eines Hochhauses in Harlem geführt und von dort zu einem Flug auf eine karibische Insel, die auch heute noch schwer in Atlanten zu finden ist. Von der Teilnahme an diesen Besonderheiten der Erfahrungen Schwarzer Frauen* werden die Les*erinnen, nach einem kurzen Aufenthalt in Mexiko, abrupt zurückgeführt nach Abomey, wo alles begann. Und während wir den Entwicklungen und Stationen in dieser Geschichte auf gewundenen Pfaden schwerelos folgen, fühlen wir, dass Schwarz sein, selbst in einer der westlichen Sprachen, in denen es verunglimpft wurde, keine Negation mehr ist, und wir fühlen die Freude am Text, mit der Lorde es unternimmt, »Sprache in Gedichte zu treiben, die der wesenhafte Kern, die vorwärtsblickenden Visionen unserer aller Leben sind.« (256)

Eine Quelle der Macht: Transkulturelle Übersetzungen

1988 bat mich Audre Lorde einige von ihr ausgewählte Gedichte für ihre zahlreichen Lesungen in Deutschland zu übersetzen.[73] Wir dachten zunächst nicht an eine Publikation, sondern an eine Handreichung für Übersetz*erinnen oder das Publikum auf den Veranstaltungen. Als ich 1990 Gastprofessorin an der Fakultät für Linguistik und Literaturwissenschaft an der Universität Osnabrück war, lud ich Audre zu einer Lesung ein, auf der sie die sieben Gedichte, die ich zwei Jahre zuvor übersetzt hatte, im Original vortrug. Die deutsche Version wurde lediglich als Handout verteilt, um Audres direkte Kommunikation mit dem Publikum nicht zu unterbrechen. Teilnehm*erinnen der Veranstaltung, Stud*entinnen, Fakultätsmitglieder, Lehr*erinnen, Vertreterinnen* verschiedener Frauenorganisationen und interessierte Bürg*erinnen waren, wie immer bei Audres Auftritten, begeistert. Ein örtliche Zeitung berichtete enthusiastisch, wie es Audre gelang, ihr Publikum in ihren Bann zu ziehen und eine anfängliche Distanz durch ihre Sprache und ihre Ausstrahlung zu überbrücken. Der Artikel setzte sich mit den Inhalten der Gedichte anhand der Übersetzungen auseinander und betonte, dass die Musik in Audres Stimme, die Lebendigkeit ihrer

73 Vgl. Brief vom 30. September 1988 in dieser Sammlung.

Mimik und die gesamte künstlerische Darbietung eine Übersetzung ihrer Poesie fast überflüssig machte. Dies war charakteristisch für Audres Veranstaltungen, dennoch wussten diejenigen Veranstaltungsteilnehm*erinnen, die nicht ganz so vertraut mit der englischen Sprache waren, die Übersetzung in den Handreichungen zu schätzen.

Aber Übersetzungen haben nicht nur eine sprachliche Komponente. Es geht dabei auch um kulturelle Differenz und kulturelle Transformation und Interaktion. So zum Beispiel in dem Gedicht »Sonnenwende« (Solstice), das in Bildern von tropischen Früchten und kargem Land die kulturelle Deprivation in der afrikanischen Diaspora beschreibt und Lordes Philosophie wiederspiegelt, die später auch ein zentrales Thema in *Zami* ist: die Notwendigkeit, das afrikanische Erbe zu rekonstruieren und sich wieder anzueignen durch ein matrilineares Konzept von Ganzheit:

> […]
> Unsere Häute sind leer.
> Die Geister haben sie verlassen
> verärgert über unseren Widerwillen
> sie zu nähren.
> In Körben aus Hanf geflochten
> und dem Dung der Zibetkatze
> wurden sie von unseren Müttern versteckt
> die am Fluss auf uns warten.[74]

74 Audre Lorde, 1994 und 2020, S. 49.

Neben der sprachlichen und kulturellen Transformation bedarf es hier auch eines Gefühls für die kulturellen und politischen Bilder, die im Rhythmus musikalischer Sprache heraufbeschworen werden. Dies in einer Sprache zu bewahren, die in anderen Bildern und in einem anderen Klang funktioniert, bedeutete eine große Herausforderung. Audre ihrerseits besaß ein Gespür für solche Differenzen. Sie bezeichnete sich selbst oft als »Kulturreisende,« als Lernende. Lehren und Lernen waren ein dialektischer Prozess für sie. Dies zeigt sich auch in ihrem Gedicht »Erde aus ehedem deutschen Konzentrationslagern« (This Urn Contains Earth from German Concentration Camps), ein Gedicht, das sie 1984 nach einem Besuch an der Gedenkstätte für die Opfer der Naziherrschaft in Berlin-Plötzensee schrieb. Die letzten Zeilen dieses Gedichtes verweisen auf die deutsche Tendenz, eine klare Sprache zu vermeiden, wenn es um die schreckliche Vergangenheit und um Rassismus geht:

> [...]
> Erde
> nicht die unerinnerte Asche
> kleiner zartknochiger Kinder
> und junger jüdischer Mädchen
> die Ravensbrücker Kartoffeln düngt
> sorgfältig und grauenlos
> läßt diese Urne nichts
> einfach ausdrücken.[75]

75 Audre Lorde, 1988, S. 79.

Auch hier liegt die Schwierigkeit im unterschiedlichen Sprachrhythmus, auch wenn es inhaltlich einfacher zu übersetzen ist. Aber gerade der Inhalt mag es deutschen Les*erinnen »nicht einfach [machen] etwas zu sagen«. Solche kulturellen und linguistischen Differenzen bildeten den Kern zweier Seminare zur US-amerikanischen Literatur, die ich während meiner Gastprofessur in Osnabrück unterrichtete.

Anfang November 1992 hatte der Fachbereich Linguistik und Literatur beschlossen, Audre Lorde die Ehrendoktor*innenwürde zu verleihen. Die Feierlichkeiten dazu sollten im Frühjahr 1993 stattfinden. Zu diesem Zeitpunkt wussten wir alle, dass Audre sehr krank war, aber wir hofften, dass sie eine weitere Schlacht in ihrem Kampf gegen den Krebs gewinnen würde. Aber Audre kehrte zu ihrer geliebten Insel St. Croix zurück, wo sie am 17. November 1992 verstarb.

Während ihres letzten Aufenthaltes in Berlin im Herbst 1992 hatte sie sowohl der Verleihung der Ehrendoktor*innenwürde als auch der Herausgabe einer zweisprachigen Sammlung ausgewählter Gedichte durch den Fachbereich anlässlich der Verleihung zugestimmt. Sie wusste, dass die Gedichte von mir und einer Gruppe Stud*entinnen, von denen die meisten sie bei ihrer Lesung in Osnabrück gehört hatten, übersetzt werden würden, der schmale Band wurde im Sommer 1993 fertiggestellt und im Herbst veröffentlicht.[76] Wie Sigrid Markmann in der Einleitung betont, hatte der Fachbereich nicht die Möglichkeit, Ehrenwürden posthum zu verleihen, sodass die Herausgeb*erinnen der Reihe beschlossen, Audre Lorde mit der

76 Sigrid Markmann (Hg.), 1993.

Veröffentlichung dieser zweisprachigen Ausgabe zu ihrem ersten Todestag zu ehren.

Bei unseren Treffen in St. Croix 1990 und in Berlin 1991 und 1992 hatte Audre Lorde wiederholt ihren Wunsch geäußert, dass ich eine größere Sammlung von ihr ausgewählter Gedichte übersetze. Diese sollte beim Orlanda Frauenverlag erscheinen, der damals von einer engen Freundin Audres, Dagmar Schultz, geleitet wurde. Gemeinsam entschieden wir uns für eine zweisprachige Ausgabe, und in Sigrid Markmann fand ich eine engagierte Co-Übersetzerin. Wir verbrachten Stunden am Telefon mit der Diskussion von einzelnen Wörtern und Bildern und wie sie in eine andere Kultur und Sprache transformiert werden können. Mehrere Male führte ich sogar längere Ferngespräche mit Audres Partnerin, Gloria I. Joseph, über die Bedeutung und den Hintergrund spezifischer Begriffe. Wir markierten solche, die für deutsche Les*erinnen schwer verständlich sein könnten mit einem Asterix und nahmen sie in das Glossar am Ende des Bandes auf. Über verschiedene Grenzen der Sprache, Nationalität, Ethnizität, Identität und Erfahrungen hinweg, arbeiteten so verschiedene Frauen* zusammen, um die Publikation dieser zweisprachigen Ausgabe zu ermöglichen. Sie ehrten damit das Erbe einer der machtvollsten Stimmen in der afroamerikanischen Literatur, einer der bedeutendsten Schwarzen lesbischen* feministischen* Autorinnen* des 20. Jahrhunderts, eines Jahrhunderts, in dem Schwarze Frauen* nicht nur den etablierten literarischen Kanon herausgefordert haben.

Der Band erschien 1994 und wurde 2020 im Unrast-Verlag neu aufgelegt. Er enthält 42 Gedichte, die Audre aus vier ihrer Gedichtbände aus den Jahren 1978 und 1992 ausgewählt hatte. Meine Einleitung zielt darauf, ein größeres Publikum in Deutschland mit dieser großartigen Dichterin bekannt zu machen, indem sie zentrale Themen in Lordes Lyrik erläutert.[77] Zu diesen Kernbereichen gehören die Reflektionen ihrer Erfahrungen als Schwarze Frau* afrikanisch-karibischer Herkunft in der eurozentristischen US-Gesellschaft, ihre Rückbesinnung auf alte afrikanische Mythen und Traditionen, ihr Kampf gegen Rassismus und ihre Visionen von einer neuen Welt jenseits existierender Machtstrukturen. Liebe und Hass, Weisheit und Ärger, Machtlosigkeit und Macht sind die Quellen dieser Visionen, und afrikanische Mythen und Legenden die Grundlagen ihres kulturellen Erbes. In »Coniagui Frauen« (Coniagui Women) und in »Kohle« (Coal) entstehen Bilder von Afrika als der Ursprungsquelle des Lebens und der grundlegenden Einheit von Mensch und Natur, und in »Schwarze Mutter Frau« (Black Mother Woman) zelebriert die poetische Stimme die Stärke Schwarzer Frauen*. Audre Lordes Erfahrungen als Tochter und als Mutter spiegeln sich in ihren Gedichten über Mutter-Tochter-Beziehungen und können trotz vieler Widersprüche als Ausdruck des Fortbestehens afrikanischer matrilinearer Konzepte in der Diaspora interpretiert werden. In »Oktober« (October) und anderen Gedichten schafft Lorde Bilder afrikanischer Göttinen*und Götter und verbindet afrikanische Kulturen mit der Geschichte und Gegenwart der Nachfahren versklavter Afrika*nerinnen. Die Karibik, wo afrikanische kulturelle Traditionen noch lebendiger sind als in den USA, ist ein zentraler geographischer Raum in Lordes Leben und ihren Werken. Er-

77 Aude Lorde, 1994 und 2000.

innerungen von Geschichten an die Heimat ihrer Mutter, Grenada, werden mit den Besonderheiten der Insel St. Croix verwoben, dem Mittelpunkt der letzten Jahre in Lordes Leben. Dort erhielt sie in einer Zeremonie ihren afrikanischen Namen, Gamba Adisa (die, die ihre Bedeutung wissen lässt). In ihren Werken ließ Audre Lorde nicht nur ihre eigene Bedeutung wissen, sondern auch die der Schwarzen Frauen* der Welt, denen sie in ihren Gedichten eine Stimme gibt. Schonungslos verweist sie auf die zerstörerischen Konsequenzen von Rassismus, Sexismus, Homofeindlichkeit und anderen Ausgrenzungen. Gleichzeitig zögert sie nicht, auch andere Verbrechen zu benennen, wie sexualisierte Gewalt gegen Kinder und Inzest. Ähnlich mutig zeichnet sie Bilder von Zerstörung und Chaos in der kapitalistischen Gesellschaft, vor allem in ihrer Heimatstadt, New York.

Die Gedichte in *Die Quelle unserer Macht* spiegeln ihre kreative und politische Entwicklung in drei Jahrzehnten wider, aber auch die Kontinuität, mit der sie ihre Visionen von einer Welt ohne Hass, Unterdrückung und Marginalisierung erfahrbar gemacht hat. Viele der Gedichte in dieser zweisprachigen Ausgabe zeichnen Bilder von New York, der Metropole des *w*eißen, kapitalistischen Amerikas, dem Symbol kolonialer Gründungsmythen und Ausdruck einer glamourösen Scheinwelt auf dem Hintergrund von Armut und Gewalt. Audre Lorde war ein Kind dieser Stadt, in der sie Gewalt und Diskriminierung erfahren hat und von der sie in ihren Gedichten ihre Rechte, die Rechte ihrer Kinder und die Rechte von allen Opfern der Gewalt zurückfordert. So ist das Gedicht »New York City« eine Kriegserklärung verzweifelter Schwarzer Mütter an die zerstörerischen Mächte in der rassistischen Metropole des Kapitals. Das Gedicht »Für meine Tochter, Junkie in einem Zug« (To My Daughter – The Junkie On A Train) appelliert an unsere Verantwortung und Solidarität mit den gesellschaftlich Gestrandeten. Vor dem Hintergrund sozialer Widersprüche und bestehender Machtstrukturen hat Audre Lorde immer wieder an die Verantwortung der Einzelnen appelliert, Verantwortung für sich selbst, für persönliche Beziehungen, für die Bejahung ethnischer, sexueller und kultureller Identität, und für politische Aktionen. Sie selbst lebte nach dieser Philosophie und wurde so zum Vorbild für viele Menschen ganz unterschiedlicher Herkunft. Ihre Gedichte haben eine Vielfalt von Themen zum Inhalt, aber die Tatsache, dass unser Schweigen uns nicht schützen kann, formt das Bindeglied in allen ihren Gedanken. Die Prägnanz ihrer Beobachtungen, die sie in poetische Bilder transformiert, ist daher manchmal schwer zu ertragen, weil sie unermüdlich die Realität hinter einer Scheinwelt aufdeckt. Ihre Visionen von einer anderen Welt werden von ihrer musikalischen Sprache transportiert, von ihren Liebesgedichten und ihren Bildern der Natur.

Doch auch diese Natur ist nicht idyllisch und kann unberechenbar und zerstörerisch sein, wie in dem Gedicht »Genesung: Eine Erinnerung – 18. September 1991« (Restoration: A Memorial 9/18/91)[78]: Nach einer Chemotherapie in Berlin überlebte Audre Lorde die zerstörerische Gewalt des Hurrikans Hugo auf der Insel St. Croix. Aber die Stimme der Dichterin will sich selbst und ihre Geliebte wieder lachen sehen. Letztendlich werden die zer-

78 Aude Lorde, 1994 und 2000, S. 160.

störerischen Kräfte der Natur zu einem heilenden Element gegen die Krankheiten der sogenannten Zivilisation.

Die Vielfalt an Themen und Formen in Audre Lordes lyrischem Werk erlauben keine klare Einordnung. Eine solche hätte sie auch nicht gewollt. Dennoch sind Widersprüche und Gemeinsamkeiten, Identität und Differenz von Frauen*, Afrika als Zentrum eines vielfältigen kulturellen Erbes, die Karibik als Drehscheibe afroamerikanischer Geschichte und Traditionen, der Widerstand gegen Rassismus und Unterdrückung, das Streben nach positiv definierter Macht und die Betonung der Emotionalität und Erotik als Quellen weiblicher* Macht verbindende und wiederkehrende Motive. Diese verdichten sich zu einem Bild afrikanischer Frauen* in der Diaspora, ihrer Unterdrückung, aber auch ihres Widerstands.

All dies inhaltlich und sprachlich in eine andere Kultur zu übertragen, ist nicht einfach. Trotz meines anfänglichen Zögerns, mich der Herausforderung der Arbeit an dieser zweisprachigen Ausgabe zu stellen, war dies eine schöne und bestärkende Erfahrung, getragen von der Hoffnung, dass dieses Buch weiter dazu beitragen würde, die Werke dieser großen afroamerikanischen Dichterin auch in Deutschland weiterzuverbreiten, und der Hoffnung, dass es ein nützliches Werkzeug sein könnte – in der Erkenntnis unserer verschiedenen Leben und der Macht der Sprache. Wie Audre selbst einmal sagte, kann Dichtung uns bei der Vorstellung von der Architektur unserer Leben und der Vision von einer besseren Welt helfen. Die Transformation dieser Visionen in die Realität erfordert Aktionen und Koalitionen. Diese hat Audre Lorde in ihren Werken und in ihrem Leben immer wieder gefordert und realisiert. Ihr letzter Gedichtband wurde posthum 1993 veröffentlicht,[79] und von Michelle Cliff, einer afroamerikanischen Autorin und Freundin Lordes mit den Worten gelobt: »Das ist Poesie, das ist eine Dichterin von großer Kraft«.[80] Adrienne Rich schrieb dazu: »Hört diese reiche und zornige Stimme, diese Stimme von Ozeanen, von City Asphalt, von Honig, von Brüchen. Das letzte Werk einer wahrhaften Dichterin«[81]. Alice Walker schrieb zu diesem letzten Werk: »Das ist Lyrik, das ist eine Dichterin von großer Kraft,«[82] und Robin Morgan schrieb: »Jetzt ist diese Dichterin nicht mehr unter uns – aber ihre Werke leben und singen«[83]. Die deutsche zweisprachige Ausgabe, *Die Quelle unserer Macht* sollte diese Idee des Lebens und des Singens über kulturelle und sprachliche Grenzen hinweg weitertragen.

---

79 The Marvelous Arithmetics of Distance

80 Ebd. Buchrückseite. Übers. M.K.

81 Ebd.

82 Ebd.

83 Ebd.

Abb. 6: Cover der Neuauflage 2020.

»Der Traum von Europa« – Eine Re-Definition

2014 fand in Berlin eine Auto*rinnen-Konferenz mit dem Thema »Der Traum von Europa« statt. Danach war in der deutschen Presse viel über »Das Haus Europa« zu lesen. Außer der Essayistin Carolin Emcke sprach keine Person über die Festung Europa, vor deren Küsten Geflüchtete ertranken. Auf der Konferenz konnte der falsche Eindruck entstehen, dass mit Ausnahme des indisch-britischen Autors, Jhumpa Lahiri, Schwarze Europäer, Europäische People of Color und »Bindestrich-Menschen« (wie Audre Lorde Menschen mit einem mehrfachen kulturellen oder ethnischen Erbe nannte) nicht existierten, zumindest nicht als Schriftstell*erinnen. Ein schwedischer Autor erwähnte vier charakteristische Metaphern, die Europa am besten beschreiben könnten: Ein Streichquartett, französischer Rotwein, Konzentrationslager und die Amsel. Letztere sei exklusiv europäisch, würde aber europäische Grenzen überschreiten.[84] Nicht nur Opfer von Konzentrationslagern und ihre Nachfahren mögen bei dieser metaphorischen Verharmlosung schaudern, doch dann sagte der Autor, er hätte ein fünftes Bild erwähnen sollen, wahrscheinlich sei dies »Vergessenheit«. Er selbst hatte keine Metaphern, aber andere Fakten vergessen, wie Invasion, Ausbeutung, Kolonialismus, Sklaverei oder Diskriminierung.

---

84 *Frankfurter Rundschau*, 11. Mai 2014.

Sechsundzwanzig Jahre zuvor, ein Jahr vor dem Mauerfall und der Gründung der Europäischen Union, hatte eine ähnliche Konferenz in Berlin stattgefunden: »Der Traum von Europa: Schriftsteller laden Schriftsteller ein«. Ziel dieser Konferenz war es, Europas historische, politische und kulturelle Identität und die Rolle von Schriftstell*erinnen in der europäischen Geschichte zu diskutieren. Audre Lorde war als eine der Podiumsteilnehm*erinnen eingeladen, und ihr wurde im Vorfeld gesagt, ein Manuskript sei nicht erforderlich, da das Podium als mehr oder weniger spontane Diskussionsrunde konzipiert sei. In einem persönlichen Brief an die Herausgeb*erinnen einer internationalen Publikation zu Audre Lorde erinnert sich Dagmar Schultz: »Als Audre auf dem Podium saß, bemerkte sie, dass alle anderen Teilnehm*erinnen vorbereitete Beiträge hatten, was sie verärgerte. Sie hatte jedoch ihre Notizen und hielt eine sehr starke Rede. Als es keine Reaktion darauf gab, stand sie auf und verließ aus Protest das Podium«.[85]

Dagmar Schultz hat Audres Rede aufgenommen und später transkribiert. Das englische Original wurde erst 2015 veröffentlicht.[86] Audre wollte, dass es sich in erster Linie an ein europäisches, vor allem ein deutsches Publikum richten sollte. Sie bat Dagmar, es mir zu schicken und fragte mich, ob ich es übersetzen könnte.[87] Ich sagte unmittelbar zu, zumal der Text mir aus dem Herzen sprach und viel meiner eigenen Erfahrungen widerspielgelte:

---

85 Vgl. Dagmar Schultz in Stella Bolaki und Sabine Broeck, 2015, S. 23-24. Übers. M.K.

86 Ebd. 25 f.

87 Siehe »Ein Erinnerungsarchiv« in diesem Band.

Den größten Teil meines Lebens hatte ich überhaupt keine Träume von Europa, höchstens Alpträume. Einige sagen, Europa habe die Welt zivilisiert. Für mich und 7/8 der Weltbevölkerung, für *People of Color*, stellt es sich eher so dar, dass Europa die Welt versklavt hat. Das Europa des 17., 18. und 19. Jahrhunderts kam an die Küsten Afrikas und kaufte meine Vorfahren, packte sie in schwimmende Sardinenbüchsen und verkaufte sie an andere Europäer in der Neuen Welt. Am Anfang des 20. Jahrhunderts erprobte Deutschland in Süd-West-Afrika die Techniken des Völkermords, die später im Holocaust perfektioniert wurden. Die Passgesetze der Apartheid wurden von Deutschen in Süd-West-Afrika erdacht und eingesetzt.[88]

Wenn auch in einem anderen Kontext, so zeigte sich auch hier die Schwierigkeit transkultureller Übersetzungen, als ich diesen kurzen prägnanten Text in einem Kurs zur englischsprachigen Literatur einsetzen wollte. Es stellte sich schnell heraus, dass allein das Bild der »schwimmenden Sardinenbüchsen« Hintergrundinformationen zur grauenvollen Geschichte der Versklavung erforderte. So wurde eine kurze Rede zum Kern und Ausgangspunkt eines ganzen Lehrplanes zur afroamerikanischen Geschichte und Literatur. Diese Geschichte in einem einzigen aussagekräftigen Bild heraufzubeschwören war einmal mehr ein Zeugnis von Audres poetischer Kraft und sagte mehr über Europa aus, als jedes Podium auf einer Konferenz es könnte.

---

88 Dagmar Schultz (Hg.), 1991, S. 60.

Audre, die erst vier Jahre zuvor zum ersten Mal nach Europa, nach Deutschland gekommen war, wollte mit ihrem Statement auf dieser Konferenz zum »Traum von Europa« nicht nur die Selbstgefälligkeit der Organisa*torinnen und Teilnehm*erinnen in deren Bildern von Europa dekonstruieren. Wie schon oft zuvor, wollte sie auch den zum Schweigen gebrachten eine Stimme geben, den von der Mehrheitsgesellschaft marginalisierten Europä*erinnen. So fährt sie in ihrem Statement fort:

> Ich war 50 Jahre alt, als ich zum ersten Mal nach Europa kam. Ich traf dort Menschen, die heute meinen Traum von Europa ausmachen. Es sind Afro-Europä*erinnen und andere Schwarze Europä*erinnen. Diese Bindestrich-Menschen bilden gemeinsam mit anderen Menschen der afrikanischen Diaspora eine wachsende Kraft für internationale Veränderungen. Wir konzentrieren in uns Verschiedenheit auf eine Weise, die die Zukunft in einem Licht erhellen kann, das die Welt noch nicht gesehen hat. Ich träume als Außenseiterin diesen Traum von Europa. Doch Schwarze Europä*erinnen sind keine Ausländ*erinnen für euch, keine Fremden. Ich warte gespannt darauf, hier die Stimmen Schwarzer europäischer Auto*rinnen zu hören, sonst müsste ich mich fragen, wie ernsthaft dieses Träumen sein kann.[89]

Für mich bedeutete dies auch eine Schwerpunktverschiebung in meinen Seminaren zu afroamerikanischer Geschichte, Literatur und Kultur, indem ich Verbindungslinien herstellte zwischen dieser und

89 Ebd.

der Geschichte Schwarzer Europä*erinnen, von denen Audre in ihrem Statement zum »Traum von Europa« sagte, dass sie Europa »die letzte Chance eröffnen zu lernen, mit Verschiedenheit kreativ umzugehen, statt vorzugeben, sie existiere nicht, oder sie zu zerstören«.[90]

Nachdem ich den Originaltext zunächst in meinen Englisch-Seminaren verwendet hatte, wollte ich die deutsche Version auch in meinen Literatur-Kursen besprechen, vor allem, weil Audres Statement in erster Linie an ein deutsches/europäisches Publikum gerichtet war. Auch war die deutsche Übersetzung lange vor dem Originaltext veröffentlicht worden und bereits 1993 – dem Jahr der Gründung der Europäischen Union – in der 4. Auflage von *Macht und Sinnlichkeit* erschienen.[91] Beide Versionen boten vielfältige Anlässe zu Diskussionen über europäische Geschichte und Identität, über Gleichheit und Differenz.

Nach all diesen Jahren hat dieser Text, sowie Audres Werke insgesamt, noch seine Gültigkeit, die im Jahr 2017 eine neue Dimension erreicht hat. Inzwischen umfasst die Europäische Union 26 Mitgliedsstaaten, und ihre Grenzen werden mit Stacheldraht gegen Geflüchtete »geschützt«. Die Lager in Griechenland und Italien sind hoffnungslos überfüllt, und die Lebensbedingungen dort sind menschenunwürdig. Tausende afrikanische und andere Geflüchtete sind im Mittelmeer ertrunken, Deutschland hat die Idee von »Flüchtlingszentren« in Libyen forciert, wo hunderte von Geflüchteten interniert, gefoltert und sogar als Versklavte verkauft wurden. Ost-

90 Ebd., S. 217.
91 Ebd., S. 216.

europäische Mitgliedstaaten weigern sich, Geflüchtete aufzunehmen und brechen bewusst internationale und europäische Konventionen und Menschenrechte. In Deutschland erfreuen sich Rechtspopulist*innen eines wachsenden Zulaufs und linke Politik*erinnen und solche mit einem türkischen oder afrikanischen Hintergrund werden beleidigt und bedroht. Für viele Menschen ist der »Traum von Europa« tatsächlich ein Alptraum, wie auch die Black Lives Matter Bewegung im Jahr 2020 erneut zeigt.

Doch es gibt auch jene Menschen, die Audre Lordes Traum von Europa ausmachen. Die Initiative Schwarzer Menschen in Deutschland ist eine wachsende Organisation, die 2016 ihr dreißigjähriges Bestehen feierte. ENAD, *European Network of People of African Descend,* organisiert Kampagnen gegen alltäglichen und institutionellen Rassismus. ADAN (Afro Deutsches Akademiker Netzwerk) ist ein inklusiver Zusammenschluss Schwarzer Akademik*erinnen und an Afrika-Studien Interessierten in Frankfurt am Main und in Berlin. In den letzten 30 Jahren hat sich eine große Zahl Schwarzer europäischer Auto*rinnen mit diversen Werken und Genres in den literarischen und wissenschaftlichen Kanon eingeschrieben und zahlreiche Internet-Plattformen bilden ein Forum für politischen und kulturellen Austausch.

2013, 2015 und 2019 nahm ich an den AfroEuropean Konferenzen in London, Münster und Lissabon[92] teil, wo viele Stud*entinnen, Wissenschaft*lerinnen, Künst*lerinnen, Auto*rinnen und Aktiv*istinnen aus verschiedenen europäischen Ländern ihre Arbeiten und

---

92 Ergebnisse der Konferenz von 2013 wurden in Sharmilla Beezmohun, 2016 und Beiträge der Konferenz 2015 wurden in Felipe Espinoza et al veröffentlicht.

Forschungsergebnisse vorstellten und diskutierten. Dies sind überwältigende positive Erfahrungen, die zeigen, dass sich Audre Lordes Schlussbemerkung in ihrem Statement zum »Traum von Europa« bewahrheitet: »Und mit oder ohne euch, wir sind auf dem Weg.«

SEP- 7-90 FRI 9:12 AUDRE LORDE P.02

Audre Lorde

THE DREAM OF EUROPE – Remarks

I am an African-American poet and believe in the power of poetry. Poetry, like all art, has a function: to bring us closer to who we wish be: to help us vision a future which has not yet been: and to help us survive the lack of that future. ~~If we were reading our~~ literature here tonight ~~we would be~~ exchanging the real stuff of dreams, our visions, the essence of our future. ~~But instead,~~ we sit discussing a dream of Europe, rather than evoking that dream so it ~~may~~ become a reality. And that, for me, is a very European approach to dreaming.

For most of my life I did not dream of Europe at all except as nightmare. Some ~~have~~ say that Europe civilized the world. To me and of the world's population, people of color, it is more like Europe enslaved the world. 17th, 18th, 19th Century Europe came to the shores of Africa and bought my ancestors, packed them into floating sardine-cans and sold them to other Europeans in the New World. In the early 20th Centu Germany practised in South West Africa the techniques of genicide later perfected in the Holocaust. Pass Laws were invented by Germans in South West Af

I was 50 years old before I came to Europe. When I did, I found people there that now compose my dream of Europe. They are Afro-European and other Black Europeans, those hyphenated people who, in concert with other people of the African Diaspora are increasing forces for internatior change. We concentrate difference inside of us in ways that can illuminate the future with a light the world has not yet seen. I am an outsider dreaming of Europe. But Black Europeans are not foreigners to you, not strangers. the voice of Black European writers here, I wonder how serious this dreaming can be.

I believe it is the hyphenated people of Europe who represent a last chance for Europe to learn how to deal with difference creatively, rather than pretending it does not exist, or destroying it.

Those of us who our star is in the ascendant do not need to diminish the efforts of others who wish to examine their own decline with grace. I bear no one here ill will. We have learned useful tools from Europe,- and by 'we' I mean that of the world's population that are People of Color. Our survival means learning to use difference for something other than destruction. So does yours.

And, with or without you, we are moving on.

Audre Lorde
A2 Judith's Fancy
Christiansted, St Croix 00820

Abb. 7: Aus dem von Audre Lorde edierten Original-Manuskript.

Abb. 8: Katharina Oguntoye, Audre Lorde und May Ayim auf der Konferenz »Der Traum von Europa« 1988.

Abb. 9: AfroEuropean Konferenz, Lissabon, 2019.

Interkulturelle Begegnungen: Audre Lordes Verbindungen zur Black Community in Deutschland

Audre Lordes transnationales Erbe, ihre Lyrik, ihre Selbstdefinitionen, ihr Schwarzer feministischer* Aktivismus, ihre philosophischen politischen Essays und ihre Art, sich mit dem afrikanischen Erbe in der afrikanischen Diaspora auseinanderzusetzen, sind in zahlreichen Forschungsarbeiten, Artikeln und Interviews in den USA, Europa und anderen Teilen der Welt gewürdigt worden. Verschiedene Publikationen, Feiern und Tagungen, in denen nach ihrem Tod weltweit an sie erinnert wurde, waren Ausdruck ihres Einflusses auf unterschiedliche Bewegungen und der fortbestehenden Gültigkeit ihrer Visionen. Die Kraft ihrer Lyrik und ihre politischen Essays fanden vor allem große Anerkennung in den USA und anderen englischsprachigen Ländern. Demgegenüber war lange Zeit wenig bekannt über ihre Jahre in Europa und ihre Verbindungen zu Feministinnen* und der Schwarzen Bewegung in Deutschland. Hier schließt der Film *Audre Lorde – The Berlin Years 1984 to 1992*[93] eine Lücke und bringt Lordes einflussreiche Verbindungen mit der Schwarzen Community in Deutschland einem breiteren Publikum näher.

93 Vgl. die gleichnamige Website

Die Existenz von Black Communitys in Deutschland, die in verschiedenen Organisationen hauptsächlich in größeren Städten organisiert sind, hat erst in den letzten drei Jahrzehnten die Aufmerksamkeit von Black Studies und Diaspora Studien erlangt, und Schwarz und deutsch scheint für viele immer noch ein Oxymoron zu sein, eine irritierende Verbindung, auch im Hinblick auf Deutschlands jüngere Geschichte, in der eine gründliche Aufarbeitung des Kolonialismus immer noch fehlt. Die Annahme einer *weißen*, ethnisch homogenen Gesellschaft hält sich hartnäckig. Dennoch haben Schwarze Menschen in Deutschland eine lange und vielfältige Geschichte, die über Jahrhunderte zurückverfolgt werden kann. In jüngerer Zeit waren Schwarze Deutsche verschiedener Herkunft schon in der Weimarer Republik präsent. Viele haben die Terrorherrschaft des NS-Regimes überlebt und durch die Verbindung *weißer* Frauen* mit Schwarzen Soldaten der Alliierten und später afrikanischen Wissenschaftlern, Studenten und Arbeitern entstand in den Nachkriegsjahren eine neue Generation Schwarzer Deutscher. Heute ist die Schwarze Community in Deutschland auch in politischer und kultureller Hinsicht eine diverse und wachsende Kraft.[94] Trotz dieser historischen und gegenwärtigen Präsenz Schwarzer Menschen in Deutschland und trotz deren gesellschaftlicher und individueller Erfolge in politischen Organisationen, im Bildungssystem und auf vielen anderen Gebieten des öffentlichen Lebens gelten sie immer noch als »die anderen«, werden marginalisiert und sind strukturel-

94 Vgl. u. a. May Ayim (Opitz) et al, 1986; Katharina Oguntoye, 1977 und 2019; Tina Campt, 2005; Patricia Mazòn und Reinhild Steingrövel, 2009; Peter Martin und Christine Alonzo, 2012; Marion Kraft, 2015.

lem, institutionellem und alltäglichem Rassismus ausgesetzt. Grundlagen hierfür sind Deutschlands (mangelnder) Umgang mit der kolonialen Vergangenheit und Konstrukte von »Rasse« und Nation, die im Denken der Mehrheitsgesellschaft und im öffentlichen Diskurs nach wie vor bestehen.

Für die Bildung einer kollektiven Schwarzen Identität und die Schaffung organisatorischer Strukturen in Deutschland markierte die Publikation von *Farbe bekennen. Afro-deutsche Frauen auf den Spuren ihrer Geschichte*[95] einen Meilenstein. Dabei war Audre Lordes Einfluss wegweisend. Einer von Dagmar Schultz initiierten Einladung an die Freie Universität Berlin folgend, kam sie 1984 erstmals nach Deutschland. Früh suchte sie Kontakte zu Schwarzen Menschen. Gleichzeitig war es ihr wichtig, eurozentristische Haltungen in ihrem mehrheitlich *w*eißen Publikum und auch innerhalb der *w*eißen Frauen*bewegung herauszufordern und ihre Visionen von einer Gesellschaft, in der Differenz positiv für Veränderungen genutzt werden würde, zu teilen. Sie konfrontierte *w*eiße Feministinnen* mit dem Problem des Rassismus und forderte sie auf, ihre Privilegien zu reflektieren als Basis von Koalitionen, so wie sie es in einem ihrer bekanntesten Essays formulierte: »Die Werkzeuge der Herrschenden werden niemals das Haus der Herrschenden einreißen« (The Master's Tools Will Never Dismantle the Master's House).[96] Besonders wichtig waren ihr jedoch transnationale Verbindungen zu verschiedenen Gruppierungen der afrikanischen Diaspora.

---

95 May Ayim (Opitz), Katharina Oguntoye, Dagmar Schultz, 1986.

96 Audre Lorde, 2021, S. 7-13.

Gleich nach ihrer Ankunft in Deutschland fragte sie nach Schwarzen deutschen Frauen* und war hocherfreut, dann einige in ihren Seminaren zu treffen. Sie ermutigte sie, sich zu organisieren, ihre verschiedenen Geschichten auszutauschen und ihre Erfahrungen zu publizieren, um sich so sichtbar zu machen. Ein Ergebnis dieser ersten Verbindung war dann das Buch *Farbe bekennen,* das nach wie vor eine der wesentlichen Referenzen in Forschungsarbeiten zur afrodeutschen Geschichte ist, nicht nur in Deutschland, sondern auch in anderen europäischen Ländern und in den USA. Drei Jahrzehnte später hat sich, trotz fortbestehender Marginalisierungen und Diskriminierungen, eine vielfältige politische und kulturelle Bewegung Schwarzer Menschen in Deutschland entwickelt, und Schwarze Deutsche nehmen wichtige Positionen ein, in Politik, Literatur, Kunst und anderen gesellschaftlichen Bereichen. Es besteht ein Konsens, dass Audre Lordes frühe Verbindungen mit der Schwarzen Diaspora in Deutschland sehr bedeutsam für diese Entwicklung waren.

Für Audre Lorde selbst waren diese frühen transnationalen Begegnungen und Verbindungen und ihre Erfahrungen in Deutschland auch eine Inspiration. Dies wird deutlich in während dieser Zeit entstandenen Gedichten, wie »Erde aus ehedem deutschen Konzentrationslagern« (This Urn Contains Ash from German Concentration Camps),[97] »Berlin ist hart für Schwarze Mädchen« (Berlin

97 Audre Lorde, 1986, S. 24-25.

is Hard on Colored Girls)[98] oder »Ost Berlin« (East Berlin)[99], wie auch in ihren Bemerkungen zum »Traum von Europa«.

Als ich Audre Lorde zum ersten Mal im Sommer 1986 in Berlin traf, hatte ich die meisten ihrer Werke im Rahmen meiner Forschungsarbeiten zu afroamerikanischen Autorinnen* gelesen. Zu dieser Zeit stand der akademische literarische Diskurs auf diesem Gebiet in Deutschland noch am Anfang, und als Schwarze deutsche feministische* Literaturwissenschaftlerin war es mir ein Anliegen, ihre Gedichte, politischen Analysen und Visionen einem breiteren Publikum in Deutschland zugänglich zu machen. Das bei unserem ersten Treffen entstandene Interview »Vom kreativen Nutzen der Verschiedenheit« (The Creative Use of Difference) ist in verschiedenen Textsammlungen und Magazinen in den USA und in Deutschland veröffentlicht worden.[100] Der Titel ist ein Ausdruck, den Audre Lorde mehrmals während unseres Gesprächs benutzte und den sie in vielen ihrer Texte verwendet, ein Bild, das den Kern ihrer Visionen spiegelt, ein Werkzeug, dass das »Haus der Herrschenden einreißen«[101] kann.

Für Audre Lorde bedeutete das kreative Nutzen von Verschiedenheit auch die Anerkennung des lebhaften kulturellen Aktivismus von Frauen* der afrikanischen Diaspora. So legte sie auch während ihrer Zeit in Deutschland nicht nur einen Grundstein für die Schwarze

---

98 Ebd. S. 22-23.

99 Audre Lorde in Sigrid Markmann, 1993, S. 52-53.

100 Vgl. u. a. *Englisch Amerikanische Studien* 2, 86, S. 549-556; Joan Wiley Hall (Ed.), 2004, S. 146-153; Peggy Piesche (Hg.), 2012, S. 216-227; Stella Bolaki und Sabine Broeck, 2015, S. 46-54.

101 Audre Lorde, 2021, S. 7.

deutsche Frauen*bewegung, sondern regte auch die Bildung transnationaler Allianzen an. Die Durchführung des Interkulturellen Internationalen Sommer Studien Instituts, zu dem 1991 Schwarze Frauen* und Frauen* of Color aus fünf Kontinenten für ein dreiwöchiges Seminar in Deutschland zusammenkamen, um sich über ihre Werke, Projekte und Erfahrungen auszutauschen, wäre ohne Audre Lordes Initiative und Unterstützung kaum möglich gewesen. Berichte, Essays und Reden der Veranstaltung wurden später in deutscher Übersetzung in dem Sammelband *Schwarze Frauen der Welt – Europa und Migration* veröffentlicht.[102]

»Ich bin eine Schwarze lesbische Dichterin Kriegerin Mutter« ist Audre Lordes Selbstdefinition, mit der sie ihre Lesungen eröffnete. Dichtung war für sie die subversivste Form der Sprache und ein Mittel für die Schaffung interkultureller Verbindungen. Es war für sie wichtig, dass ich eine Sammlung ihrer Gedichte ins Deutsche übersetzte, die später in einer bilingualen Ausgabe erschienen.[103]

Audre Lorde ist die Autorin von fünf Prosawerken und zehn Gedichtbänden. Eines ihrer bekanntesten Gedichte, »Litanei für das Überleben« (A Litany for Survival),[104] ist ein Aufruf zum Durchbrechen von Schweigen. Dieses Gedicht bildet auch das zentrale Motiv in dem Film *Audre Lorde – The Berlin Years 1984 to 1992.* Der Film schildert eine wichtige Phase in Lordes Biografie, ihre Aufenthalte in Berlin über Jahre hinweg, ihren Kampf gegen den Krebs, ihren Kontakt zu feministischen* und lesbischen* Bewegungen und

---

102 Vgl. Marion Kraft und Rukhsana Shamim Ashraf-Khan, 1994.

103 Audre Lorde, 1994 und 2020.

104 Audre Lorde, 1978, S. 31 f.

ihren Aktivismus gegen Rassismus in Europa. Vor allem aber wird Lordes Einfluss auf die Schwarze Bewegung und die Entwicklung einer Schwarzen Community in Deutschland deutlich. Der Film ist ein wichtiges historisches Dokument, das den fortbestehenden Einfluss von Lordes Erbe auf die afrikanische Diaspora über nationale Grenzen hinweg unterstreicht. Wie ihre Tochter, Elizabeth Lorde-Rollins auf der Webseite des Films feststellt, zeigt er:

> Audre Lordes engagierten Kampf, wie sie innehält, um die Arbeit ihrer afro-deutschen Schwestern zu feiern, und Audre Lorde tanzend, lachend und liebevoll, in den Jahren, die die letzten in ihrem Leben sein sollten.[105]

Persönliche Fotografien, Video- und Audiomaterial der Produzentin, Dagmar Schultz, verbinden sich mit Interviews von Zeitzeuginnen* und Freundinnen*, einschließlich der Mitautorinnen* des Films, Ria Cheatom und Ika Hügel-Marshall, die schildern, welchen großen Einfluss Audre Lorde, ihr Aktivismus und ihre Werke auf ihr Leben hatten. Seit der Weltpremiere bei der Berlinale im Februar 2012 wurde der Film weltweit bei mehr als siebzig Festivals und zahlreichen anderen Veranstaltungen gezeigt, u. a. in der Schweiz, in Großbritannien, in Canada, den USA, Brasilien und Südafrika. In den USA wurde er mit dem Reel Sisters Best Documentary Award ausgezeichnet. Die DVD Version des Films enthält eine Reihe von Bonusmaterialien, einschließlich Audre Lorde im Gespräch

---

105 Statement von der Webseite des Filmes: http://audrelorde-theberlinyears.com/comments.html#.YEC8epsxnX4. Übers. M.K.

mit der südafrikanischen Aktivistin Ellen Kuzwayo, Lordes letzter Gedichtlesung in Berlin und Szenen von der Gedenkfeier in Berlin. Das strukturierende musikalische Element des Films, in dem wir Audre Lorde bei Vorträgen, Lesungen, in Gesprächen und bei Feiern mit der Schwarzen feministischen* Bewegung in Berlin sehen, ist der Song »Her Name was Audre« von Corasón. Auf der Webseite des Films[106] finden sich zusätzliche Information und ein Studienleitfaden auf Deutsch und auf Englisch, den ich für Bildungseinrichtungen und kulturelle Institutionen entwickelt habe, der auch eine Auswahlbibliografie von Büchern afrodeutscher Autorinnen* enthält, die im Film erwähnt werden.

Auch Jahre nach dem ersten Erscheinen stößt der Film noch auf ein wachsendes Interesse, das auch die Anerkennung der Präsenz verschiedener Schwarzer Bewegungen in Deutschland zeigt, die sich seit Audre Lordes Einfluss in den 1980er und 1990er Jahren formiert haben. Die größte dieser Organisationen, (ISD) bringt auf ihren jährlichen Bundestreffen hunderte BPoCs zusammen und initiiert zahlreiche Kampagnen gegen institutionalisierten Rassismus, wie Racial Profiling, und unterstützt viele kulturelle Projekte. Eine wachsende Anzahl von Essays, Sachbüchern, fiktionalen Texten, Gedichtbänden, Autobiografien[107] Jugend- und Geschichtsbüchern zur afrodeutschen Erfahrung[108] wurden in den letzten Jahren veröffentlicht und zielen, ebenso wie Seminare, Lesungen, Ausstellungen und Theaterauf-

106 http://audrelorde-theberlinyears.com.

107 Vgl. u. a. Ika Hügel-Marshall, 2001; Thomas Usleber, 2003; Theodor Wonja Michael, 2013.

108 Vgl. u. a. Marion Kraft, 2015.

führungen, darauf ab, die gesellschaftliche Präsenz Schwarzer Menschen in Deutschland weiter im Bewusstsein zu verankern.

2012 und 2017 wurde Audre Lorde zu ihrem zwanzigsten und fünfundzwanzigsten Todestag in verschiedenen Teilen der Welt gedacht und der Einfluss ihres Denkens und ihrer Visionen gewürdigt, auch im Hinblick auf gegenwärtige dringende Herausforderungen für positive Veränderungen. Trotz der wachsenden Präsenz Schwarzer Menschen in Deutschland in Politik, Literatur, Bildung, den Künsten und in den Medien bleibt der Kampf um Anerkennung im *weißen*, eurozentristisch dominierten Diskurs in der deutschen Mehrheitsgesellschaft eine notwendige Aufgabe. Dieser Kampf um Anerkennung und Gleichheit ist eng verbunden mit dem Kampf gegen alle Formen des Rassismus und von Diskriminierungen. In diesem Kontext ist der Film *Audre Lorde – The Berlin Years 1984 to 1992* nicht nur ein wichtiges historisches Dokument, sondern auch ein relevanter Beitrag zum transnationalen Diskurs über Rassismus, Homofeindlichkeit und Geschlechterdifferenzen, über die Anerkennung von Verschiedenheiten und Gemeinsamkeiten, die dazu beitragen kann, interkulturelle Brücken zu bauen, in der afrikanischen Diaspora, und darüber hinaus.

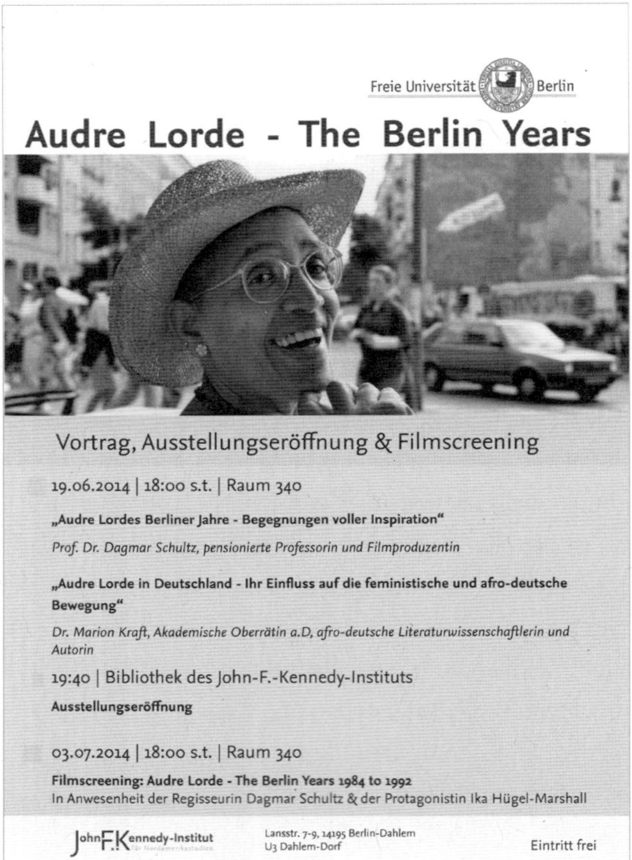

Abb. 10: John F. Kennedy-Institut, 2014.

Schwesterliche Bindungen – Brechen des Schweigens

Audre Lorde hat viele Menschen unterschiedlicher Herkunft in verschiedenen Teilen der Welt beeinflusst, inspiriert und bestärkt. Ihre Worte sind nach wie vor eine »Quelle der Macht« für alle, die nach positiver Veränderung streben, für Gleichheit und ums Überleben kämpfen, für all jene, die Verschiedenheit als kreative und progressive Kraft begreifen. Sie hat vor allem ihre Stimme erhoben für Frauen* der afrikanischen Diaspora und sie damit ermutigt, ihre eigenen Stimmen zu erheben.

Als Schwarze Frau *weiß*er deutscher und afroamerikanischer Herkunft, die zu einer Generation gehört, die ehedem auf beiden Seiten des Atlantiks bestenfalls als »Besatzungskinder« bezeichnet wurde, als Wissenschaftlerin und Lehrende war meine erste persönliche Begegnung mit Audre Lorde im Sommer 1986 in vielerlei Hinsicht wegweisend. Ich hatte erst wenige Jahre zuvor die Kraft in den Werken Schwarzer Autorinnen* entdeckt, und unser Zusammentreffen bedeutete insofern einen Meilenstein und einen Wendepunkt für mich, da es eine Bestätigung meiner bisherigen Arbeit auf diesem Gebiet war.

Im Sommer 1985 hatte ich ein Essay zum Unterrichten der Werke Schwarzer Autor*innen veröffentlicht,[109] ein Thema, das in Deutschland zu dem Zeitpunkt in den Lehrplänen höherer Schulbildung völlig fehlte und auch in Literatur- und Englisch-Seminaren an Universitäten kaum präsent war. Ich war damals seit drei Jahren Mitglied der Fachkonferenz Englisch am Oberstufen-Kolleg an der Universität Bielefeld und kurz zuvor einer Arbeitsgruppe von Kolleginnen* beigetreten, die einen Frauen*studiengang planten. Sehr schnell wurde mir klar, dass dies *weiße* Frauen*studien bedeutete und nur bedingt etwas mit mir selbst und meinen Forschungsschwerpunkten zu tun hatte. Als Schwarze Frau, im Nachkriegsdeutschland aufgewachsen, war ich zu der Zeit wahrscheinlich die einzige Schwarze Lehrerin in diesem Land. Jedenfalls waren mir andere nicht bekannt. Die Erfahrung, dass Frau *weiß* bedeutete, war ärgerlich, aber nichts Neues. Es war eine Erfahrung, die mich bereits in vielerlei Hinsicht geprägt hatte. Wo immer möglich, hatte ich begonnen, den Fokus meiner Studien und meiner Lehrtätigkeit auf die herausfordernde und bewegende Literatur afrikanischer und afroamerikanischer Frauen* zu legen, inspiriert auch von der Lektüre der von der Feminist Press in den USA veröffentlichten Black Women's Studies Anthologie *All the Women Are White, All the Blacks Are Men, But Some of Us Are Brave* (Alle Frauen sind *weiß*, alle Schwarzen sind Männer, aber einige von uns sind mutig),[110] über die Audre Lorde geschrieben hatte: »Eine aufregende Bestätigung und der Beginn einer neuen Ära, in der ›Frauen‹ in den Frauen*studien nicht mehr *weiß* be-

---

109 Marion Kraft 1986 (b), S. 239 ff.

110 Gloria T. Hull, Patricia Bell Scott, Barbara Smith, 1982.

deutet.«[111] Dies hat mich sehr ermutigt und darin bestärkt, meine eigenen Forschungsarbeiten fortzusetzen.

Kurz vor meinem ersten Treffen mit Audre nahm ich an einer internationalen Konferenz zur Frauen*literatur und -politik in Hamburg teil und war wieder einmal betroffen von der Eindimensionalität solcher Tagungen. Obwohl ein Workshop Eurozentrismus zum Thema hatte, hatten die Organisatorinnen* kaum die Werke Schwarzer Frauen* berücksichtigt. Ich stellte mir die Frage, ob wir einander wirklich so fremd seien oder ob wir erst gerade begonnen hatten, die Bedeutung verschiedener kultureller und sozialer Erfahrungen im Leben von Frauen* zur Kenntnis zu nehmen. Ausgehend von dieser Fragestellung publizierte ich ein weiteres Essay zur Literatur Schwarzer Frauen*.[112] Währenddessen konzentrierten sich meine Kolleginnen* auf die Werke französischer Poststrukturalist*innen, wie Julia Kristeva, Jacques Lacan und Jacques Derrida, und ich fühlte mich oft, als hätte ich mich in einen exotischen Gegenstand verrannt. Unsere Definitionen von »Begehren« waren verschieden. Meine spiegelten sich in den Theorien, Erzählungen und Gedichten afroamerikanischer Autorinnen*, und ich wollte dieses Begehren teilen und vermitteln. Schon bevor ich Audre Lorde persönlich traf, war ihre Feststellung »Euer Schweigen schützt euch nicht« für mich eine Quelle der Inspiration.

Wenigstens in einem Punkt war die Konferenz 1986 in Hamburg nicht gänzlich homogen, wie ich zunächst gedacht hatte. Ich erinnere

---

111 Gloria T. Hull, Patricia Bell Scott, Barbara Smith, 1982. Audre Lordes Statement erscheint auf dem Klappentext. Übers. M.K.

112 Marion Kraft, 1987, S. 109-119.

mich an die Präsentation zweier Dissertationen zu afroamerikanischen Autorinnen*, vor allem aber an meine erste Begegnung mit May Ayim. Sie war mit ihrer Verlegerin, Dagmar Schultz, nach Hamburg gekommen, um den gerade erschienen Band *Farbe bekennen. Afro-deutsche Frauen auf den Spuren ihrer Geschichte* vorzustellen.[113] Es war eine besondere Erfahrung für mich, in Deutschland Frauen* zu treffen, die auch daran arbeiteten, das Leben und die Werke Schwarzer Frauen* über nationale Grenzen hinweg sichtbar und erfahrbar zu machen. Insbesondere die Begegnung mit May Ayim, der ich über ein Jahrzehnt bis zu ihrem allzu frühen Tod in Freundinnenschaft verbunden blieb, war für mich ein bewegendes Erlebnis. Hier war eine noch sehr junge, afrodeutsche Frau, eine begnadete Dichterin am Anfang ihrer Karriere, die bereits ihre Forschungsarbeit zu Schwarzen Menschen in Deutschland veröffentlicht hatte. Ich erfuhr, dass das Buch *Farbe bekennen* von Audre Lorde inspiriert worden war und dass diese seit ein paar Monaten in Berlin war, wo sie sich einer alternativen Krebstherapie unterzog und gleichzeitig den organisatorischen Rahmen für eine Gruppe junger Schwarzer Frauen* geschaffen hatte. Ich sagte gerne zu, als Dagmar Schultz mich fragte, ob ich bereit wäre, für ein Interview mit Audre nach Berlin zu kommen.

Bereits bei unserem ersten Treffen war ich von Audres Offenheit und Herzlichkeit beeindruckt. In längeren Gesprächen entdeckten wir viele Gemeinsamkeiten. Ich war beeindruckt und fühlte mich bestätigt von ihrer Definition des Lehrens als Überlebenstechnik,

---

113 May Ayim (Opitz), Katharina Oguntoye, Dagmar Schultz, 1986, 1992, 2020.

ebenso wie von ihrer ehrlichen Überzeugung von der Notwendigkeit Unterschiede anzuerkennen und voneinander zu lernen.[114]

In den folgenden Jahren begegneten wir uns bei unterschiedlichen Gelegenheiten. 1990, nachdem ich an der Konferenz »I am Your Sister« zu ihren Ehren in Boston teilgenommen hatte, trafen wir uns mit Helga Emde, Gloria Joseph und Andrée Nicola McLaughlin auf St. Croix, wo wir erste organisatorische Schritte für eine Konferenz von Schwarzen Frauen* und Frauen* of Color in Deutschland besprachen. Diese sollte eine der internationalen Jahrestagungen des von Andrée Nicola McLaughlin gegründeten *International Cross-Cultural Black Women's Studies Summer Institute* werden, einem globalen Netzwerk zu dessen Beirat auch Künstlerinnen* wie Vinie Burrows, Autorinnen* und Aktivistinnen* aus Neuseeland und Südafrika und aus den USA Gloria I. Joseph und Audre Lorde gehörten.[115] Zwischen 1987 und 2006 fanden diese Konferenzen in den USA, Europa, Aotearoa (Neuseeland), Afrika, Lateinamerika und der Karibik zu Themen wie Kommunikation, Ernährung, Menschenrechte, afrikanische Diaspora, Migration, Indigene Völker und Empowerment statt.

Es war Audres Idee, das fünfte Sommer Institut in Deutschland abzuhalten, und sie schlug mich als Leitung vor. Zwei Jahre zuvor hatte ich als Co-Koordinatorin an dem Seminar in Zimbabwe teilgenommen, und war mir der Herausforderungen bewusst: der Schwierigkeiten, auf ein gemeinsames Ziel hinzuarbeiten, trotz kultureller Unterschiede und Sprachbarrieren. Ich stellte mich dennoch

---

114 Vgl. Interview in diesem Band.

115 Vgl. Joanne M. Braxton und Andrée Nicola McLaughlin, 1990.

dieser Herausforderung, und plante das dreiwöchige Seminar, das zum Thema Migration, Schwarze Menschen und die Europäische Union im Sommer 1991 in Frankfurt am Main, Bielefeld und Berlin stattfand. Möglich wurde dies auch durch die Zusammenarbeit mit meinen Schwarzen deutschen Freundinnen*, vor allem der Psychologin Bärbel Kampmann, Helga Emde, die als Co-Direktorin die Veranstaltungen in Frankfurt am Main organisierte, Katharina Oguntoye, die die Planung für Berlin übernahm, und Gründungsfrauen* von ADEFRA, vor allem Ria Cheatom, Jasmin Eding und Judy Gummich. Die Veranstaltungen waren alle sehr erfolgreich und gaben Schwarzen Frauen* und Frauen of Color aus aller Welt eine Plattform und einen Raum zum Austausch von Erfahrungen. Eröffnungsrednerinnen* in Frankfurt am Main waren Andrée Nicola McLaughlin (USA), Philomena Essed (Niederlande) und May Ayim (Deutschland). Wir hatten Simultanübersetzungen in fünf Sprachen organisiert, zahlreiche Vorträge und Lesungen, die zum Teil öffentlich waren, Workshops und kulturelle Veranstaltungen. Für die Frauen* der Schwarzen Community in Deutschland, die sich erst wenige Jahre zuvor formiert hatte, war dies eine besonders wichtige Erfahrung. Wie ich jedoch schon während der Konferenz in Zimbabwe festgestellt hatte, war es nicht immer einfach, sicherzustellen, sich über kulturelle Grenzen hinweg zu verständigen und Differenzen nicht nur zu akzeptieren, sondern zu nutzen.

Audre, die aus gesundheitlichen Gründen nicht an den Versammlungen teilnehmen konnte, war an einem ausführlichen Bericht über die Erfolge, aber auch über Widersprüche interessiert. In einem persönlichen Brief fragte sie: »Wie gehen wir mit Unterschieden zwischen uns um, ohne uns selbst zu verletzten?« Es wäre destruktiv, Differenzen in akademischen Kreisen, in der Frauen*bewegung und auch in den Schwarzen Communitiys zu leugnen. Wie Audre immer wieder betonte, müssen wir diese Differenzen analysieren und kreativ für positive Veränderungen nutzen. Fast drei Jahrzehnte nach ihrem Tod ist dies wichtiger denn je, auf dem Hintergrund politischer Rückschläge, die wir in den letzten Jahren erfahren mussten. Vor mehr als einem Vierteljahrhundert schrieben Audre Lorde und Gloria I. Joseph einen offenen Brief an den damaligen Bundeskanzler, Helmut Kohl, in dem sie gegen rassistische Gewalt nach dem Fall der Berliner Mauer protestierten. Im Herbst 2012 erwähnte der damalige Bundespräsident, Joachim Gauck, die Opfer solcher Gewalt. Doch in den letzten Jahren verzeichnen wir wieder eine Welle rassistischer Gewalt und Morde. Bis heute scheinen Staatsschutzorgane auf dem rechten Auge blind zu sein. Vor mehr als einem Vierteljahrhundert wurde ich am Flughafen München bei meiner Rückkehr aus der Karibik vorübergehend festgenommen, unter der Annahme, ich sei eine illegale Immigrantin. Heute ist Racial Profiling in Zügen und an Europas internationalen Flughäfen eine gängige Praxis der Bundespolizei. Vieles erinnert an das, was Audre Lorde bei unserem ersten Treffen sagte: Wir müssen wachsam sein, »gegenüber den enormen Kräften, die sich gegen uns verbündet haben«.

Innerhalb der *weißen* feministischen* Bewegung in Deutschland herrscht eine andere Form von Nicht-Wahrnehmen-Wollen. Sie hat sich mit dem Schwerpunkt Gender Studies weitgehend in die engen akademischen Strukturen zurückgezogen, die Audre immer wieder kritisierte. Aber auch innerhalb der Schwarzen Bewegungen gilt es, weiterhin die Auseinandersetzung mit Differenzen zu nutzen, wenn wir Audres Worte und Visionen ernst nehmen. Es gilt zu berücksichtigen, dass wir unterschiedliche historische, soziale und kulturelle Hintergründe haben; Unterschiede hinsichtlich sexueller Identitäten und Selbstdefinitionen, Unterschiede in der Herkunft und im Alter. Doch wir teilen gemeinsame Erfahrungen und Ziele. Unsere Erfahrungen sind die von Rassismus und Marginalisierung in verschiedenen Formen und Gesellschaften. Unser gemeinsames Ziel liegt in dem Bestreben, auf eine Welt hinzuarbeiten, auf eine Zukunft, die, wie Audre sagte, es noch nicht gibt. Dazu braucht es Koalitionen, wie jene, die Audre in vielen Teilen der Welt initiiert hat.

Audre bezeichnete sich selbst auch als Kulturreisende, die lernen wollte. Dies bedeutete für sie den Austausch von Erfahrungen und Dialoge auf Augenhöhe im Kampf gegen verschiedene Unterdrückungsmechanismen. Afroamerika*nerinnen, ihre Kämpfe und ihre Erfolge hatten einen positiven Einfluss auf das Bewusstsein Schwarzer Menschen in Deutschland. Dabei ist auch der Beitrag zu berücksichtigen, den Schwarze deutsche Aktiv*istinnen, Auto*rinnen und Wissenschaft*lerinnen zur Verbreitung afroamerikanischer Kultur und Politik in Deutschland geleistet haben.

Die Bedeutung dieses transatlantischen Dialogs wird auch in dem Interview, das ich 1986 mit Audre Lorde machte, deutlich. Auch mehr als drei Jahrzehnte danach sind Audres Einschätzungen darin noch bedeutsam, auch, dass wir immer noch viel von und übereinander lernen können. In persönlicher Hinsicht habe ich von Audre Lorde vieles gelernt, das ich in meiner Lehrtätigkeit, meinen

Forschungsarbeiten und politischen Aktivitäten nutzen konnte, und wie wichtig es ist, sich selbst zu definieren und den »kreativen Nutzen der Verschiedenheit« anzuerkennen. Doch beim Durchblättern persönlicher Briefe wird mir bewusst, wie wichtig dabei auch unsere persönliche Freundinnenschaft war. Es war eine Freundinnenschaft, die auf gemeinsamen Anschauungen von der Welt basierte und auf geteilten Visionen von einer besseren Zukunft. Es war eine Freundinnenschaft, die auf der Anerkennung unserer Gemeinsamkeiten und unserer Unterschiede beruhte. Es war eine Freundinnenschaft, die die Freude über den Fund einer besonderen Muschel am Strand von St. Croix einschloss, ebenso wie die über eine besondere Blume in meinem Garten in Deutschland. Die Schönheit dieser Welt zu sehen, war für Audre ebenso wichtig wie ihr Engagement im Kampf gegen die Kräfte der Zerstörung und für eine bessere Zukunft.

Ich arbeite für und hoffe immer noch auf eine solche Zukunft. Wahrscheinlich würde ich das auch, wenn ich Audre nie persönlich getroffen hätte, doch vielleicht nicht mit dem Vertrauen und der Hoffnung, die Audre in mir und so vielen anderen Frauen* und in allen, die ihre Worte und Werke weiterhin für positive Veränderungen nutzen, geweckt hat.

Vom kreativen Nutzen der Verschiedenheit – ein Gespräch mit Audre Lorde

Marion Kraft: Audre, du bist eine afroamerikanische Frau karibischer Herkunft, eine Mutter und eine Lesbe, Feministin, Essayistin, Professorin für Englisch und Dichterin. Ist Dichtung der wichtigste Teil von all diesen verschiedenen Aspekten deines Lebens?

Audre Lorde: Dichtung ist nicht der wichtigste Teil meines Lebens. Dichtung ist die stärkste Ausdrucksform, die ich habe, um aus meiner Kraft zu schöpfen, sie zu definieren und zu nutzen. Denn Dichtung ist keine Präsentation, kein Produkt; Dichtung ist – für mich – eine Lebensweise. Sie ist die Art und Weise, in der ich mich selbst sehe, in der ich mich durch mich selbst bewege, und sie ist die Art und Weise, in der ich verarbeite, was geschieht, und wiedergebe, was geschieht. Sie ist daher ein untrennbarer Teil von mir. Mit all den anderen Aspekten meines Selbst, wenn ich sage, »ich bin eine Schwarze lesbische Feministin, eine dichtende Kriegerin«, hebe ich nur bestimmte, einzelne Teile meines Lebens hervor. Wenn ich wollte, könnte ich auch andere wählen, aber ich finde, dass jene Dinge, die am problematischsten sind, in der Regel auch die Quellen unserer stärksten Macht sind, und folglich, aus diesem Grund ist dies für mich zu einem Ritual geworden. Es hat mir immer dazu gedient, für mich und für andere Menschen die Quellen meiner Macht hervorzuheben.

MK: In *Dichtung ist kein Luxus* schreibst du, dass Dichtung so etwas sein könnte, wie eine Anspielung auf die Architektur unseres Lebens.

AL: Ja, Dichtung ist in der Tat das Baugerüst unseres Lebens, weil sie uns hilft, Träume von einer Zukunft zu gestalten, die es bis jetzt nicht gibt, auf die wir aber hinarbeiten müssen, wenn wir von Veränderung reden. Denn von Veränderung zu reden ohne eine Vision, heißt dem Chaos für immer den Hof zu machen.

MK: In einem Essay eines deiner Kritiker habe ich gelesen, Audre Lorde sei nicht per se eine Schwarze Dichterin, sondern eine Dichterin, die auch zufällig Schwarz sei …

AL: Es gibt Sätze, die mich tatsächlich sehr wütend machen, und in der Regel beginnen sie mit »die zufällig«. Tatsache ist, ich habe ein Gedicht geschrieben – für mein ganz neues Buch – mit dem Titel »An die Dichterin, die zufällig Schwarz ist, und an die Schwarze Dichterin, die zufällig eine Frau ist«. Ganz im Ernst: Der Grund, warum ich denke, dass so etwas gefährlich ist, besteht darin, dass diejenigen von uns, die sich für das Überleben und Lehren einsetzen, nicht zufällig sind. Wir sind hier, wie Bernice Reagon immer wieder sagt, weil Menschen vor uns etwas getan haben, um uns dahin zu bringen, wo wir sind. Wir sind nicht gestrandet in unserer Existenz. Deshalb bin ich gar nichts zufällig. Schwarz zu sein ist wichtig, und eine Frau* zu sein ist sehr wichtig. Ich habe sehr viel dafür bezahlt, beides zu sein, bewusst.

MK: In einem deiner Gedichte, das mir sehr gut gefällt, gibt es das Bild deiner Mutter als Frau mit zwei Gesichtern, die in Wirklichkeit die Gesichter zweier Frauen* sind, die die Dichterin auf ihrem Rücken trägt, »eine dunkel und reich … die andere bleich wie eine Hexe« … und dann ist da dieser Aufschrei, »Mutter …«.

AL: Das ist aus »Yemanjás Haus«. Yemanjá ist die Mutter von uns allen. Sie ist die Aura der Göttin der Flüsse, der Liebe und des Krieges. Und dieses Gedicht handelt wirklich nicht nur von dem gespaltenen Bewusstsein, das so viele hellhäutige Schwarze Frauen* von den Inseln haben, sondern auch davon, wie wichtig es für jede von uns ist, Anspruch auf alle unsere verschiedenen Vorfahr*innen zu erheben und gleichzeitig den großartigen Nährboden und die große Kraft unseres Schwarzseins anzuerkennen. Die Schwarze Mutter ist der Ursprung unserer Nahrung und eine Quelle der Stärke für alle von uns – Schwarz, *weiß*, männlich oder weiblich.

MK: In einigen deiner Essays hast du dieses Bild der Schwarzen Mutter auch dem des »*weißen* Vaters« gegenübergestellt.

AL: Ja, die *weißen* Väter sind diejenigen, die gesagt haben, »Ich denke, also bin ich.« Sie gingen von der Idee aus, dass wir nur durch Denken, nur durch unseren intellektuellen, rationalen Fortschritt Freiheit erreichen könnten. Das ist nicht wahr. Ich spreche von der Schwarzen Mutter als jenem Teil unserer selbst, der chaotisch ist, ungeordnet, tief, dunkel, uralt, alt und befreiend. Und dieser Kampf findet beständig statt zwischen unserer gepanzerten linken Hirnhälfte, die im Dienst der Vernunft steht und dem, was ursprünglich und tief ist, der rechten Hälfte unseres Gehirns, den Emotionen.

Wir denken mit Werkzeugen, die uns gegeben wurden. Wenn wir dazu bestimmt sind, eine neue Ordnung zu schaffen, müssen wir zurückgehen, zurück, zurück zu dem, was ursprünglich ist, und das sind unsere Gefühle. Wir müssen diese Gefühle annehmen und so weit befördern, dass wir aus ihnen neue Wege pflastern können. Mit anderen Worten: Ein *Schreiii* ist nur Gefühl – noch kein Gedicht, noch kein Kunstwerk. Wir müssen die Emotionen hinter diesem Schrei annehmen und dann etwas Neues machen, etwas, das verständlich ist und kraftvoll und kommunikativ.

MK: Also ist es nicht dieses alte Stereotyp, Frauen* sind emotional und Männer für das Denken zuständig?

AL: Nein, überhaupt nicht. Das ist meiner Ansicht nach wirklich eine Verzerrung der Realität. Ich denke, dass das Patriarchat diese ganze Frage der Rationalität zu einer Sache erhoben hat, die keinen Zusammenhang mehr hat. Ich will sagen, Rationalität ist ein Werkzeug, sie ist eine Brücke, eine Straße. Wie jede Straße muss sie von irgendwoher irgendwohin führen, sonst ist sie nur eine nutzlose Übung. Wenn wir einerseits diese Rationalität nicht in unseren Gefühlen verankern können und sie uns andererseits zu einer Zukunft führen lassen, in der wir überleben können, dann hat Rationalität keine Bedeutung. Wir sitzen derzeit in der Falle eines Zeitalters der Vernunft, das zum einen keine Zukunftsvisionen hat und das zum anderen die wahren Quellen des Seins nicht anerkennt. Es wäre lächerlich zu glauben, dass wir losgelöst von irgendeinem Teil unseres Selbst existieren könnten. Aber bis heute gibt es im westeuropäischen Denken diese falsche Betonung des scheinbar Rationalen und eine völlige Ablehnung all dessen, was emotional ist.

MK: Meinst du das, wenn du den Unterschied zwischen Dichtung und Rhetorik hervorhebst?

AL: Ja, genau dies ist der Unterschied. Wenn ich sage, der Unterschied zwischen Dichtung und Rhetorik ist die Bereitschaft, sich lieber selbst zu töten als unsere Kinder, meine ich, wenn wir uns wirklich einsetzen für das, woran wir glauben, können wir Veränderungen bewirken. Alles andere ist nur leere Rhetorik und es sind unsere Kinder, über deren Leben wir damit bestimmen.

MK: In »Vom Nutzen der Erotik – Erotik als Macht« beschreibst du auch die Erotik als eine Quelle der Macht und des Wissens in unserem Leben.

AL: Die Macht der Erotik, der Nutzen der Wut, wir dürfen als Frauen* vor diesen Bereichen nicht fliehen. Lange sollten wir davon überzeugt werden, die Macht der Erotik abzulehnen, weil Erotik so grausam gegen uns gewendet worden ist, aber wir müssen fähig sein, alle Teile unseres Selbst anzuerkennen und zu sehen, welchen Beitrag sie zu dem, worauf wir in dieser Welt hinarbeiten müssen, leisten können.

MK: Diese Macht der Erotik hast du auch in deinem Buch *Zami* beschrieben, in dem sie auch auf alten afrikanischen und karibischen Legenden basiert. Erklärst du bitte, warum du dieses Buch eine Mythobiografie genannt hast?

AL: Ich habe es eine Mythobiografie genannt, weil es nicht nur eine Autobiografie ist. Es bezieht auch Mythen und Geschichte mit ein, wie auch viele andere Möglichkeiten unser Wissen zu nutzen. Ich habe diese Mythen in *Zami* benutzt – den Mythos von MawuLisa und ihrer jüngsten Tochter, Afrekete, die sich in Eshu, den Schelm verwandelt – weil ich glaube, dass es viele ganz bestimmte Traditionen gibt, in denen afrikanische Frauen*, Frauen* afrikanischer Herkunft, ihre Kinder erziehen, Traditionen, die noch vielerorts ihre Bedeutung haben. So gibt es bei den westafrikanischen Frauen* von Dahomey die Legende, den Glauben, den sie auch leben, dass es keinen Widerspruch gibt zwischen Leben nehmen und Leben geben und Krieg führen. Wir wissen, die Amazonen von Dahomey waren gefürchtete Kriegerinnen des Königs. Es ist sehr wichtig, dies zu wissen, denn in der Tat sah ich im Leben so vieler afroamerikanischer

Frauen*, dem meiner Mutter und dem der Frauen* ihrer Generation, dass sie beschützten, pflegten und liebten, aber auch wirklich harte Kämpferinnen* waren. Wir brauchen das Wissen über diesen Teil unserer Tradition. Deshalb denke ich, dass es so notwendig ist, Mythen in unsere Welt einzuweben.

MK: Warum hast du den Titel *Zami – A New Spelling of My Name* (*Zami* – eine neue Schreibweise meines Namens) gewählt?

AL: Nun, in westafrikanischen Gesellschaftssystemen ist die Frage der Namensgebung lebenswichtig. Die Kinder bekommen erst acht Tage nach der Geburt einen Namen. In dieser Zeit entscheidet das Kind, ob es in dieser Welt bleiben will. Erst nachdem es sich dazu entschieden hat, bekommt es einen Namen, und es sind viele Namen zu vergeben. Es gibt geheime Namen, Namen der Zeit, Namen der Familie, und dein ganzes Leben hindurch erhältst du in der Yoruba-Tradition einen neuen Namen, wenn etwas Bedeutsames geschieht. Die amerikanischen Indigenen haben auch diese Tradition. So wird die Namensgebung zu einem Prozess der Wiedergeburt, zu einer Betonung der Wiedergeburt. Und so etwas ähnliches passiert in meinem Buch. Nun, *Zami* ist ein Wort, das in Carriacou gebraucht wird. Es bedeutet Frauen*, die zusammen arbeiten und leben, und es ist ein sehr schönes Wort. Ich erinnere mich, dass meine Mutter dieses Wort oft benutzte, als ich ein Kind war, einfach im Sinne von Freundinnen. Ich wusste damals nicht, was es wirklich bedeutete, ich wusste nicht, dass es sich auf Frauen*, die sich mit Frauen* identifizieren bezog, Frauen*, die sich lieben, aber, als mir dies bewusst wurde, wollte ich dieses Wort für mich beanspruchen, als Schwarze Lesbe. Ursprünglich kommt das Wort wahrscheinlich aus dem Patois, einer Kombination aus Französisch und Spanisch, wahrscheinlich von »les amies«, die Freundinnen*.

MK: Aber in *Zami* beschreibst du nicht nur die Liebe zwischen Frauen*, sondern auch die Isolation Schwarzer Lesben in den fünfziger Jahren. Mich hat dies an Gloria Naylors Buch *The Women of Brewster Place* erinnert, in dem sie in einer der Erzählungen die Homofeindlichkeit in der Schwarzen Community in den Sechzigern oder den frühen Siebzigern beschreibt. Hat sich dieses Klima in den achtziger Jahren gewandelt?

AL: Nun, die Homofeindlichkeit in der Schwarzen Community war Realität, und ja, dies ändert sich langsam durch die Arbeit vieler sehr mutiger Frauen* und auch weil Schwarze Lesben*, und auch Schwarze schwule Männer*, viel mehr wahrgenommen werden. Wir sind aus unserer Isolation herausgekommen, haben uns sichtbar gemacht, sodass wir nun sagen können: »Wir sind Schwarz, wir waren schon immer Schwarz, wir sind engagiert und waren schon immer Teil unserer Communitys«, und das ist natürlich wahr.

Neben dieser schrecklichen Homofeindlichkeit gab es auch immer eine Art schweigender Anerkennung gegenüber der ledigen Tante, den unverheirateten Menschen in unseren Gemeinden. In der Schwarzen Community ist Verschiedenheit so grausam gegen uns gewendet worden, dass wir dazu neigen, daran festzuhalten und zu glauben, dass Schwarz auf irgendeine homogene Art definiert werden kann. Nun, das stimmt nicht. Und in dem Maße, in dem die Schwarze Community beginnt, dies zu erkennen, wird sie auch ihre Stärke in der Verschiedenheit erkennen; wir sind Schwarz, wir sind verschieden.

MK: In deinem Essay, »Vom Nutzen der Wut«[116], betonst du, dass jede von uns ein Recht auf ihren eigenen Namen hat, ein Recht, das oft ignoriert wird, sogar von *w*eißen Feministinnen. Siehst du irgendeine Entwicklung in dem Bewusstsein über die Bedeutung von Unterschieden innerhalb der *w*eißen feministischen Bewegung?

AL: Nun, die feministische Bewegung – die *w*eiße feministische Bewegung ist immer noch notorisch langsam darin, zu erkennen, dass Rassismus eine feministische Angelegenheit ist, keine Angelegenheit der Nächstenliebe, sondern ein Kernpunkt feministischen Bewusstseins. Wenn er das nicht ist, kann die *w*eiße feministische Bewegung doch überhaupt nicht existieren – und in gewisser Weise ist sie schon fast an diesem Punkt gescheitert. Tatsächlich glaube ich dennoch, dass sich die Dinge langsam ändern und dass es *w*eiße Frauen* gibt, die jetzt sehen, dass sie im Interesse ernsthafter Koalitionen erkennen *müssen*, dass wir nicht gleich sind. Schwarzer Feminismus ist nicht *w*eißer Feminismus in Blackface. Schwarzer Feminismus ist eine vielfach verwobene Bewegung, entstanden aus den Leben, dem Streben und der Realität Schwarzer Frauen*. Wir teilen einige Erfahrungen mit *w*eißen Frauen*, und gibt es andere

116 Audre Lorde, 2021, S. 13-27.

Dinge, die wir nicht teilen. Wir müssen fähig werden uns zu verbünden über das, was uns gemeinsam ist.

MK: Meinst du, dass es diese Differenz auch im Schreiben Schwarzer und *w*eißer Frauen* gibt – zum Beispiel was den Umgang mit Sprache betrifft?

AL: Ich glaube, das ist so. Schwarzes Englisch beeinflusst viele von uns, selbst jene, die es nicht benutzen. Ich denke, die Wurzeln Schwarzer Dichtung, die ganz weit zurück reichen, wurden ganz bewusst in den Sechzigern artikuliert und bestehen fort in vielen unserer Werke, die Musik, Rhythmus und die Schwarze Ausdrucksweise hervorheben. Das zeigt sich in den Werken vieler Schwarzer Frauen*. Aber es gibt, wie ich glaube, noch eine andere Differenz, weil diejenigen von uns, die Schwarze Dichterinnen* sind, ganz eng mit einer Form des Überlebens verbunden sind, die *w*eiße Dichterinnen* lange Zeit nicht zur Kenntnis genommen haben. Auch sie kennen den Kampf ums Überleben, aber sie haben andere Voraussetzungen. Es ist einfacher für sie, dies nicht wahrzunehmen. Deshalb glaube ich, dass der Dichtung Schwarzer Frauen* eine Tradition des Kampfes, aber auch eine Tradition der Musik zugrunde liegt, die sich immer wieder zeigt.

MK: Gibt es ähnliche Unterschiede im Schreiben Schwarzer Frauen* und Schwarzer Männer*?

AL: Es gibt gewisse Gemeinsamkeiten. Ja, ich denke es gibt Gemeinsamkeiten in den Werken Schwarzer Männer* und Frauen*. Ich glaube aber dennoch, dass es auch wirkliche Unterschiede in der Dichtung Schwarzer Frauen* und Männer* gibt – und Schwarze Männer* schreiben auch nicht so viele Gedichte. Ich meine, dass Schwarze Frauen* in allen Bereichen der Kreativität zurzeit buchstäblich explodieren. In dem Maße, in dem wir uns mit unseren Identitäten auseinandersetzen, in dem Maße, in dem wir nach unserer Macht streben, entwickeln und formen wir eine Kunst und eine Literatur, die unsere eigenen Bedürfnisse anspricht. Das ist sehr, sehr aufregend. Sehr aufregend.

MK: Schließt dies auch einen unterschiedlichen Gebrauch von Sprache ein?

AL: Ich glaube, wir erobern uns die Sprache zurück. Ich glaube tatsächlich, dass wir die Sprache neu erschaffen. Und das macht den Unterschied, ja, das ist die Differenz, denn wir müssen das tun. Wir müssen die Sprache wieder zu unserer eigenen machen und sie so benutzen, dass sie uns dient, so wie wir das Wort »Schwarz« wieder für uns beanspruchen.

MK: In »The Master's Tools will Never Dismantle the Master's House«, ein Vortrag, den du auf einer Frauen*konferenz in den USA gehalten hast, hast du verdeutlicht, dass alle Frauen* solche verschiedenen Werkzeuge brauchen, nicht nur in der Fiktion, in der

Dichtung, sondern auch im akademischen Diskurs – wenn wir Veränderungen bewirken wollen.

AL: Das heißt andere Werkzeuge in der Sprache, andere Werkzeuge im Austausch von Informationen, das heißt andere Werkzeuge beim Lernen. Das heißt, dass wir die Werkzeuge der Rationalität benutzen. Aber sie nicht zu einem Punkt erhöhen, der mit unseren Leben nichts mehr zu tun hat. Das heißt, dass wir voneinander nicht mehr die engen und beschränkten Interpretationen des Lernens einfordern und auch nicht den beschränkten Austausch von Wissen, unter dem wir in Universitäten gelitten haben, oder unter dem wir in engen akademischen Strukturen leiden. Es bedeutet, dass wir erkennen, dass während wir in alten Machtstrukturen funktionieren, weil wir diese Werkzeuge beherrschen müssen und sie deshalb nicht ignorieren können, wir uns gleichzeitig in einem Prozess befinden, der Macht neu definiert, die Macht der Zukunft.

MK: Wenn du Lehren als »Überlebenstechnik« bezeichnest, meinst du damit, dass wir lehren sollten, diese verschiedenen Werkzeuge zu nutzen?

AL: Ich glaube, dass wir am besten jene Dinge lehren können, die wir für unser eigenes Überleben lernen müssen. Indem wir sie lernen, greifen wir auf sie zurück und geben sie dann weiter, und Unterrichten wird so zu einem gemeinsamen Prozess. Ich glaube, dass uns das lebendig hält. Wir lernen nicht von dem, was in Büchern steht. Wir lernen von der Interaktion, die stattfindet in dem Raum zwischen dem, was in Büchern steht und dem, was in uns ist.

MK: Sollten wir das von deinen Gedichten, von deinem Gesamtwerk lernen?

AL: Nun wie gesagt, die Dichtung und die Fiktion, *Zami*, die Sachtexte und die Theorie, sind letztlich drei verschiedene Wege, Audre Lorde dazustellen, darzustellen, was ich von dem weiß, was ist.

MK: Und an welche Menschen richten sich deine Werke hauptsächlich?

AL: Mein Publikum ist *jede* einzelne Person, die meine Arbeit nutzen kann. Ich schreibe für alle, die einen Nutzen aus meiner Arbeit ziehen können. Aber ich schreibe aus mir selbst heraus, aus all den Aspekten meiner Selbstdefinition, und von daher könnten sich jene mir enger verbunden fühlen, die diese Aspekte mit mir teilen, jene die Schwarz sind, kriegerische Dichterinnen*, Lesben …, aber aus diesem Selbst heraus schreibe ich für alle, die meine Worte nutzen können. Ich bekam schon Briefe von ganz verschiedenen Leuten, die sagten, »Weißt du, das war wirklich wichtig, ...«, oder: »Weißt du, ich unterscheide mich sehr von dir, aber …«, oder: »Weißt du, ich bin eine *w*eiße Frau und nicht lesbisch, aber …«, oder: »Ich bin Lehrer, ein *w*eißer männlicher Lehrer, aber …«, und ich dachte: »Nun gut, das ist gut, ich ziehe meinen Hut, das ist schön.«

MK: Noch eine Frage, Audre: Du hast deine Stimme nicht nur für Schwarze Frauen* in Amerika erhoben, sondern auch für Frauen* in der sogenannten Dritten Welt, für Frauen* of Color und du bist Mitglied von SISA (Sisters in Support of Sisters in South Africa), und du hattest die initiative Idee für ein Buch über die Geschichte Schwarzer Frauen* in Deutschland …

AL: Das ist alles so aufregend, Marion, dass wir jetzt begonnen haben, diese Art von Kontakten herzustellen, diese Art von Netzwerken zu bilden, weil ich denke, wir haben alle ganz enge Verbindungen. Ob wir mit Schwarz unsere afrikanische Herkunft meinen, uns als Teil der afrikanischen Diaspora verstehen, oder ob wir Schwarz als Definition so wie in Neuseeland, in Australien benutzen, diejenigen bezeichnend, die am Rande stehen, die People of Color sind, außerhalb der Strukturen, die ihr Land und ihre Leben zurückfordern, mit anderen Worten, Menschen, die das Wort Schwarz, Frauen*, die das Wort Schwarz als Symbol ihres Widerstands begreifen, wir haben ganz enge Verbindungen, unsere Unterdrückung wurzelt in denselben Systemen, die unser Land geraubt haben, unser Erbe, unsere Kinder, unsere Männer, unsere Leben. Wir müssen diese Unterdrücker benennen und beginnen zu sehen, wie wir uns gegen sie verbünden können. Was ist es denn, was wir voneinander lernen können? Nun, was wir voneinander lernen müssen, ist dass wir *verschieden* sind, dass wir uns in die Lage versetzen müssen, aufzustehen und diese Verschiedenheit zu betrachten – ohne Sentimentalität und ohne Unsicherheit. Denn wenn wir erkennen können, wie verschieden wir

sind, und wie gleich wir sind, das heißt Gemeinsamkeiten unserer Ziele und die Verschiedenheiten in den Besonderheiten unserer Leben anzuerkennen, dann können wir unsere verschiedenen Wege des Kampfes zusammenführen.
Und das ist ein Weg, auf dem der kreative Nutzen der Verschiedenheit uns wirklich helfen wird, uns für Veränderungen einzusetzen, auf dem Weg in eine Zukunft, die wir teilen können.

MK: Und bist du auch zuversichtlich?

AL: Ja, ich bin sehr zuversichtlich; ich muss dir sagen, dass ich wirklich sehr viel Hoffnung habe. Es ist jedoch eine Hoffnung, die auf der sehr realistischen Einschätzung der enormen Kräfte beruht, die sich gegen uns verbündet haben. Die einzig wahre Hoffnung, die es geben kann, besteht doch darin, dass wir uns ehrlich eingestehen, wie viel wir noch tun müssen; und ich glaube, wir können das tun, und nicht nur das, ich glaube, wir können es mit *Freude* tun.

Abb. 11: Audre Lorde und Marion Kraft im Gespräch mit Doris Reiprich, einer der Autorinnen* in *Farbe bekennen. Afro-deutsche Frauen auf den Spuren ihrer Geschichte*, Berlin, 1986.

Gamba Adisa – Bedeutsame Namen

Beitrag zu der »Celebration of Life« Gedenkfeier am 6. Februar 1993 im Haus der Kulturen der Welt in Berlin[117]

Liebe Schwestern*, liebe Brüder*, liebe Freund*innen!

Wir feiern heute eine große Dichterin und ihr Werk. Wir trauern um unsere Freundin, die afroamerikanische Lyrikerin, Essayistin, Romanautorin und engagierte Feministin, Audre Lorde – Gamba Adisa. Sie war eine unerschrockene Schwarze Kämpferin gegen Rassismus, Homofeindlichkeit und jegliche Unterdrückung, eine der Wegbereiterinnen* der modernen afroamerikanischen und internationalen Frauen*bewegung. Audre Lorde – Gamba Adisa hat uns am 17. November 1992 verlassen. Sie starb im Alter von 58 Jahren nach jahrelangem Kampf gegen Krebs in ihrem Haus auf St. Croix, U.S. Virgin Islands.

Dort, wo im letzten Jahrzehnt der Mittelpunkt ihres Lebens war, erhielt sie auch ihren afrikanischen Namen, Gamba Adisa, (She Who Makes Her Meaning Known – Sie, die ihre Bedeutung wissen lässt). Ja, Audre, du hast so vielen Menschen, deine – und ihre eigene – Bedeutung klargemacht, und wir danken dir dafür.

117 Die Rede wurde auf Deutsch gehalten. Die englische Übersetzung erschien 2018 in *Empowering Encounters with Audre Lorde.*

Audre Lorde war eine Autorin von außergewöhnlicher Kraft und Ausstrahlung. Von ihrem ersten Gedichtband, *The First Cities*, der 1968 erschien, bis zu dem derzeit in Vorbereitung befindlichen Band *The Marvelous Arithmetics of Distance* (Die wundervolle Arithmetik der Distanz) hat sie 15 Gedichtsammlungen und zahlreiche Essaybände über Rassismus und Homofeindlichkeit, über Liebe und Hass, Krieg und Frieden, Kunst und Leidenschaft veröffentlicht. Vor allem *The Cancer Journals* (Krebstagebuch), *A Burst of Light* (Lichtflut) und *Sister Outsider* fanden weltweit Beachtung, ebenso wie ihr autobiografischer Roman *Zami – A New Spelling of My Name*, den sie eine Mythobiografie nannte. Viele ihrer Werke wurden auch ins Deutsche übersetzt.

Audre Lorde war Professorin am Hunter College in New York, unterrichtete und las an verschiedenen Einrichtungen in den USA, Europa, Afrika, Neuseeland und Australien, und häufig auch in Deutschland, vor allem hier in Berlin, wo sie in den letzten acht Jahren auch eine alternative Krebstherapie erhielt. Trotz ihrer schweren Krankheit war sie bis zum Schluss aktiv in zahlreichen internationalen Frauen*organisationen. Sie war Initiatorin und Mitbegründerin des ersten Verlags Schwarzer Frauen* und Lesben in den USA, *Kitchen Table – Women of Color Press*, von *SISA – Sisters in Support of Sisters in South Africa*, Sponsorin von *Madre*, einer Organisation Schwarzer Künstlerinnen*, Schriftstellerinnen* und Aktivistinnen* in den USA, und der *Caribbean Association for Feminist Research and Action (CAFRA)*.

Audre Lorde war Trägerin zahlreicher Ehrungen und Titel: Ehrendoktorin des Fachbereichs Literatur am Hunter College der

University of New York, wo sie lange Zeit unterrichtet hatte, Ehrendoktorin der Geisteswissenschaften des Oberlin College und des Haverford College. Im Oktober 1990 fand ihr zu Ehren in Boston die Konferenz *I am Your Sister – Forging Global Connections Across Difference* statt, an der weit über 2.000 Menschen unterschiedlicher Herkunft teilnahmen. Der Präsident des Bezirks Manhattan verlieh ihr 1988 den *Award for Excellence in the Arts* und 1991 erhielt sie die *Walt Whitman Citation of Merit*, mit der sie für 1991-1993 zum New York State Poet, zur Dichterin des Staates New York, ernannt wurde.

In Deutschland beschloss im Wintersemester 1992 der Fachbereich Sprach- und Literaturwissenschaft der Universität Osnabrück, ihr in Würdigung ihres Gesamtwerks die Ehrendoktor*innenwürde zu verleihen.

Audre Lorde war auch ständige Beraterin des *International Cross-Cultural Black Women's Studies Summer Institute*, das seit 1987 in England, USA, Zimbabwe und Neuseeland stattfand und 1991 von der Interkulturellen Initiative Schwarzer Frauen* drei Wochen lang in Frankfurt am Main, Bielefeld und Berlin durchgeführt wurde. In Berlin hatte Audre Lorde 1986 das erste Buch Schwarzer deutscher Frauen* initiiert: *Farbe bekennen. Afro-deutsche Frauen auf den Spuren ihrer Geschichte*[118]. Ich bin sicher, es war ihr Wunsch und ist ihr Vermächtnis, dass diese gemeinsame Buchpublikation Schwar-

118 Herausgegeben von May Ayim (Opitz), Katharina Oguntoye und Dagmar Schultz. Fast 35 Jahre später gibt es eine Fülle von Publikationen Schwarzer deutscher Auto*rinnen.

zer deutscher Frauen* und Schwarzer Frauen* in Deutschland vielfältige Fortsetzungen findet.

Audre Lorde fühlte sich Deutschland auf unterschiedliche Art und Weise verbunden. Hier erhielt sie seit Jahren eine medizinische Behandlung, der sie vertraute, hier fand sie beim Orlanda Verlag engagierte Verlegerinnen* deutschsprachiger Ausgaben ihrer Werke, hier unterrichtete sie kreatives Schreiben und brachte vielen Studentinnen* die neue afroamerikanische Literatur und den Kampf unserer Schwestern in den USA nahe. Hier traf sie 1984 erstmals afrodeutsche Frauen*, über die sie in *Lichtflut* schreibt: »Ich habe Schwarze deutsche Frauen* in meinem Kurs, die ihre afrodeutsche Herkunft bis in die 1890er Jahre zurückverfolgen [...] Ich bin bewegt über diese Frauen*, ihr zunehmendes Selbstverständnis [...]«[119] Hier fand sie viele Freund*innen, vor allem innerhalb der wachsenden afrodeutschen Gemeinschaft. Umso größer war ihr Entsetzen über die jüngsten politischen Entwicklungen in diesem Land. Dass die deutsche Vergangenheit in der Gegenwart nachwirkt, hatte sie bereits 1987 in ihrem Gedicht »Erde aus ehedem deutschen Konzentrationslagern« zum Ausdruck gebracht. Der neue, wachsende rechtsradikale Terror in diesem Land inspirierte sie zu dem Gedicht »Ost Berlin Dezember 1989«:

Du fühlst die Gefahr jetzt
wenn du Schwarz bist in Berlin
traurige Selbstmorde
die nie berichtet wurden

---

119 Audre Lorde, 1994, S. 92.

Neukölln Kreuzberg der Neon Zoo
eine neue Belagerung entlang Unter den Linden
mit Pariser Akzent New Yorker Hast
überschneiden sich viele zerrissene Visionen [...][120]

Audre Lorde hatte die Vision von einer anderen Welt, und Audre Lorde war in erster Linie Lyrikerin. Doch Dichtung war für sie nie Selbstzweck. So schrieb sie 1977 in ihrem Essay »Poetry Is Not a Luxory« (Dichten ist kein Luxus):

> Aber je mehr wir mit unserer eigenen, alten, schwarzen, nichteuropäischen Sicht des Lebens wieder in Berührung kommen und das Leben als etwas Erfahrbares und Veränderbares betrachten, desto mehr lernen wird auch, wieder Wert auf unsere Gefühle zu legen und diese verborgenen Quellen unserer Macht zu achten – Quellen aus denen echtes Wissen und damit auf die Dauer wirkliches Handeln entspringt.[121]

Liebe und Hass, Gelassenheit und Wut, Macht und Ohnmacht werden in Lordes Lyrik als Kräftepotential erfahrbar, ausgelöst von der Notwendigkeit des Überlebens und der Erfüllung des Bedürfnisses nach Selbstdefinition.

»I am a Black Lesbian Mother Warrior Poet« – »Ich bin eine Schwarze Lesbe Mutter Kriegerin Dichterin«, so leitete sie viele ihrer

---

120 Audre Lorde, 1993, S. 50, Übers. M.K.

121 Audre Lorde in Dagmar Schultz (Hg.), 1983, S. 88 f.

Lesungen ein. Sie selbst sagte dazu in einem Interview, das ich 1986 mit ihr führte:

> Mit all den anderen Aspekten meiner selbst [...] hebe ich nur bestimmte, einzelne Teile meines Lebens hervor. Wenn ich wollte, könnte ich auch andere wählen, aber ich finde, dass jene Dinge, die am problematischsten sind, in der Regel auch die Quellen unserer stärksten Macht sind, und folglich, aus diesem Grund ist dies für mich zu einem Ritual geworden.[122]

Dass die Welt nicht eindeutig ist, dass Differenz die Akzeptanz von Verschiedenheit bedingen sollte, ist eine der zentralen Aussagen im Werk Audre Lordes. So ist in dem Gedicht »Aus Yemanjás Haus« die Stimme der Dichterin wie »Sonne und Mond und auf immer hungrig / der scharfe Rand / an dem sich Tag und Nacht begegnen sollen / ohne eins zu werden«.[123]

Audre Lordes Kraft resultierte aus der Bejahung der Differenz, aus dem Willen, sich selbst zu definieren, aus der Entschlossenheit, Schweigen zu durchbrechen und aus der Überzeugung, dass Dichtung »in der Tat das Baugerüst unseres Lebens [ist], weil sie uns hilft, Träume von einer Zukunft zu gestalten, die es bis jetzt nicht gibt, auf die wir aber hinarbeiten müssen, wenn wir von Veränderung reden. Denn von Veränderung zu reden ohne eine Vision, heißt dem

---

122 Zitat aus »Vom kreativen Nutzen der Verschiedenheit – Ein Gespräch mit Audre Lorde« hier im Band.

123 Audre Lorde, 1978, S. 6, Übers. M.K.

Chaos für immer den Hof zu machen.«[124] Dieses Verständnis von Literatur, von Dichtung, macht Audre Lorde – Gamba Adisa – so einmalig. Denn es ist auch das, was sie gelebt hat.

1934 in Harlem, New York, als dritte Tochter einer karibischen Eingewandertenfamilie geboren – ihre Mutter kam aus Carriacou, ihr Vater aus Barbados – musste sie sich früh mit den Diskriminierungen, die Schwarze und Immigrant*innen zu erleiden hatten, auseinandersetzen. Hinzu kam als junges Mädchen ihre Konfrontation mit dem ideologischen und rassistischen Schönheitsideal des *w*eißen Amerikas, ihr Drang nach Unabhängigkeit als Frau, der weder mit der herrschenden Gesellschaft noch mit den Auffassungen ihrer nach Integration bestrebten Mutter und der zwangsläufig auf Gemeinsamkeit um fast jeden Preis ausgerichteten Black Community in Einklang zu bringen schien. Hinzu kam die Benachteiligung durch ihre Sehbehinderung, die Entdeckung ihrer Sexualität – und ihre Diskriminierung als Lesbe. Mit all dem hat sie sich auseinandergesetzt. Grundlegend war dabei ihre Suche nach ihrem afrikanischen kulturellen Erbe, der Entdeckung der Gottheiten der Ewe und Yoruba, in denen sie sich selbst, ihre Arbeit, ihre Freundinnen* und ihre Geliebte wiederfand, die sie ihr Leben in die Hände Afreketes legen ließ, der Tochter, der Urmutter westafrikanischer Gottheiten, der Verwandlungs- und Sprachkünstlerin. All das hat sie ausführlich, authentisch und literarisch bewegend in ihrer autobiographischen Erzählung *Zami*[125] geschildert. Mit diesem Buch hat sie

---

124 Zitat aus »Vom kreativen Nutzen der Verschiedenheit – Ein Gespräch mit Audre Lorde« hier im Band.

125 Audre Lorde, 1982, dt. 2012.

ihren Schwestern in aller Welt gezeigt, dass alles sagbar ist, wenn wir es nur wagen, es zu sagen.

»Zami« ist ein Wort aus dem Patois, das ursprünglich für Freundinnen* steht, für Frauen*, die miteinander arbeiten und sich lieben. Dieses Buch war für viele Schwarze und lesbische Frauen* in aller Welt bahnbrechend. Für andere war es Audre Lordes *Krebstagebuch*[126], das vielen Menschen, vor allem Frauen*, klarmachte, dass diese geißelhafte Krankheit gesellschaftliche Ursachen hat, dass sie bekämpfbar ist, dass wir Überlebende sein können. Für viele war ihr essayistisches Werk Anlass zum Nachdenken und konkrete Anleitung zum Handeln. »Vom Nutzen der Erotik« ließ uns den Zusammenhang von Rationalität und Emotionalität erkennen. »Dichten ist kein Luxus« ließ uns nachdenken über die Verantwortung der Literatur, über den Unterschied zwischen Dichtung und Rhetorik, ein Unterschied, der nach Audre Lordes eigenen Worten darin liegt, »eher uns selbst zu töten, als unsere Kinder«, ein Unterschied, der uns den Weg weist in eine Welt, in der unsere Worte und unsere Namen Bedeutung haben werden, wie Gamba Adisa – Gamba Adisa, die uns in dem Essay »*Eye to Eye: Black Women, Hatred and Anger*« (Auge in Auge – Schwarze Frauen, Hass und Wut)[127] über unsere Differenzen nachdenken ließ, sie als Quelle der Stärke zu nutzen, statt sie gegen uns selbst zu wenden. Dies hat sie vielen unterschiedlichen Menschen vermittelt. In dem Interview aus dem Jahr 1986 sagte sie:

---

126 Audre Lorde, 1980, dt. 1984.

127 Audre Lorde, 1984.

> Ich schreibe für alle, die einen Nutzen aus meiner Arbeit ziehen können. Aber ich schreibe aus mir selbst heraus, aus all den Aspekten meiner Selbstdefinition, und von daher könnten sich jene mir enger verbunden fühlen, die diese Aspekte mir teilen, jene die Schwarz sind, kriegerische Dichterinnen, Lesben …, aber aus diesem Selbst heraus schreibe ich für alle, die meine Worte nutzen können.[128]

Trotz vieler Enttäuschungen trat sie immer wieder für den Dialog zwischen Schwarzen und *w*eißen Frauen* ein. »Die Geschichte, dass *weiße* Frauen nicht in der Lage sind, uns Schwarze Frauen zu hören oder in einen Dialog mit uns zu treten, ist lang und entmutigend.«[129], schrieb Audre Lorde in ihrem offenen Brief an Mary Daly. »Aber für mich stellt die Annahme, dass ihr mich nicht hören wollt, vielleicht nicht nur Geschichte dar, sondern ein altes Bezugsmuster, manchmal schützend und manchmal zersetzend, welches wir als unsere Zukunft gestaltende Frauen hoffentlich zu zerstören und überwinden im Begriff sind«.[130]

Alte Bezugsmuster zu zerstören, sie zu ersetzen durch die Vision von einer neuen Welt, war Audre Lordes Anliegen. Dabei wollte sie keine Schuldgefühle, sondern positive Veränderungen. Die Vision einer wünschenswerten Zukunft bestimmte ihr gesamtes literarisches Werk und ihr politisches Handeln.

---

128 Aus dem Interview in diesem Band: »Vom kreativen Nutzen der Verschiedenheit – Ein Gespräch mit Audre Lorde«.

129 Audre Lorde, 2021, S. 71.

130 Audre Lorde, 1984, S. 66-67. Auf Deutsch: Audre Lorde, 1988 (b), S. 13.

In den USA, in aller Welt und in Deutschland hat sie diejenigen, die ihr literarisches Werk nicht unmittelbar erreichte, direkt angesprochen. Noch wenige Wochen vor ihrem Tod schrieb sie zusammen mit ihrer Kampf- und Lebensgefährtin, Gloria I. Joseph in überregionalen und Berliner Zeitungen in einem offenen Brief an Bundeskanzler Helmut Kohl:

> Wann wird der Moment kommen, wo die Menschenrechtskommissionen den Fall Deutschland behandeln werden. Was sagen diese Entwicklungen uns als Afro-Amerikanerinnen? Was sagen sie uns als Mitglieder der 7/8 der Weltbevölkerung, die People of Color sind? [...] Was werden wir den Menschen erzählen können [...], wenn sie uns fragen: »Wie war eure letzte Reise nach Deutschland, wie sieht es jetzt in Berlin aus?«[131]

Wir, liebe Geschwister, Schwestern und Brüder, liebe Freund*innen, wir werden uns diese Fragen selbst beantworten müssen, denn trotz aller Beteuerungen, Lichterketten und ehrlichem Engagement, sieht es nach Rostock und Mölln und vielen anderen Orten in Deutschland Ost und West finster aus. Worte sind gefragt, vor allem aber auch Taten. Noch einen Monat vor ihrem Tod hatte Audre Lorde dutzende von Briefen an Berliner Vertret*erinnen von Parteien, von Gewerkschaften, Kirchen, Jugendorganisationen und anderen Institutionen und Zusammenschlüssen verschickt, in denen sie zum Kampf gegen Faschismus und Rassismus und für Solidarität aufrief. Ihre Stimme fehlt nun vielen Menschen – in Deutschland,

131 Der Tagesspiegel, 19. September 1992.

in dieser Zeit insbesondere. Wir werden unsere eigenen Stimmen umso mehr erheben müssen. Unsere Bewunderung für und unsere Berufung auf das Werk und das Leben Audre Lordes kann uns dabei helfen – unseren Weg werden wir selbst gehen müssen, indem wir uns auf unsere eigene Stärke und aufeinander berufen. Was hätten wir sonst von ihr gelernt?

Sie wird uns, ihren Freundinnen*, ihren Schwarzen Schwestern, ihren lesbischen Kampfgefährtinnen*, ihren Kolleginnen* und Studentinnen* auf unterschiedliche Weise fehlen. Ihr Anliegen war, dass wir uns in Global Sisterhood über Grenzen hinweg verbünden, und dass wir, »wenn wir es wagen, uns selbst zu sehen, einander sehen [können]«.[132]

Selbstdefinition und die Wahrnehmung anderer liegt dem Werk Audre Lordes zugrunde. Vor allem uns afrodeutschen Frauen* – und Männern* – hat sie damit einen Weg aus unserer gesellschaftlich bedingten persönlichen und politischen Isolation gewiesen. Wir sollten alles tun, diesen Weg in ihrem Sinne weiterzugehen.

Persönlich habe ich Audre Lorde vor sieben Jahren kennengelernt, als ich sie hier in Berlin traf, um mit ihr ein Interview zu machen anlässlich des Erscheinens der deutschen Ausgabe ihres Buches *Zami*, und es ist kein Zufall, dass ich sie hier im Oktober 1992 zum letzten Mal sah. Berlin war, wie sie sagte, aus verschiedenen Gründen für sie zu einer weiteren Heimat geworden. In den Jahren zwischen dieser ersten und letzten Begegnung haben wir uns häufig getroffen, persönlich, bei Lesungen, auf Tagungen,

---

132 Audre Lorde, 2021, S. 203.

Buchmessen, Konferenzen und Seminaren, in Montreal, auf St. Croix, in Boston, Bielefeld, Osnabrück und hier in Berlin.

Was mich immer wieder begeisterte, war ihre Menschlichkeit, ihr Engagement, ihre Wärme und Herzlichkeit und ihre Fähigkeit, auf Menschen zuzugehen, ihnen zuzuhören und Verschiedenheit als eine Quelle von Kraft zu nutzen. In persönlichen Gesprächen, mit ihren Vorträgen, Vorlesungen und Gedichten gelang es ihr immer wieder, die Menschen in ihren Bann zu ziehen, sie dafür zu gewinnen, sich einzusetzen für eine Welt ohne Rassismus, Sexismus, Homofeindlichkeit, Unterdrückung und Gewalt. Sie selbst nahm andere Menschen wahr in ihrer Vielfalt und Einmaligkeit – so wie sie auch der Natur, einem Vogel, einer Blume, einer Muschel, einem Stein ihre ganze Aufmerksamkeit schenken konnte. Audre Lordes Werk und Weltanschauung war – im afrikanischen Sinn – universal.

Wir trauern mit ihrer Lebens- und Kampfgefährtin, Gloria I. Joseph, und ihren Kindern Elizabeth Lorde Rollins und Jonathan Rollins, mit der internationalen Community Schwarzer Frauen*, ihren Freund*innen und vielen Aktivistinnen* der Frauen*- und Lesbenbewegung in aller Welt um diese große Frau und Dichterin. Ihr Lebenswerk bleibt für uns alle zu nutzen. Wenn wir ihre Gedichte erneut lesen, »Coal«, »The Black Unicorn«, »From the House of Yemanja«, »Dahomey«, »The Women of Dan«, »Sahara«, »Bazar«, »Never Take Fire From a Woman«, »Mawu«, »Diaspora«, »Sisters in Arms« und »Call«, dann werden wir erneut begreifen, dass das Wesen ihrer Dichtung und Weltanschauung afrikanisch ist, sich auf das afrikanische kulturelle Erbe beruft. Wenn sie in »Dichtung ist kein Luxus« sagt, dass wir zu »diesen verborgenen Quellen unserer Macht« zurückkehren und sie achten müssen, wenn wir überleben wollen, dann werden wir auch besser eines ihrer letzten Gedichte, »Today Is Not the Day« (Heute ist nicht der Tag) verstehen, das sie im April 1992 auf St. Croix schrieb, denn es ist im spirituellen und ontologischen Sinn ihre Erfahrung und Darstellung der Einheit von Leben und Tod.

Viele Menschen in aller Welt trauern um Audre Lorde und haben ihr und ihrem Werk ihre Ehre erwiesen. Zuletzt in ihrer Wahlheimat St. Croix, und im Januar mehr als 4.000 Menschen bei einer Gedenkfeier in New York. Einige ihrer Freundinnen haben für sie als sie starb Gedichte geschrieben, auch ich. Eines endet mit der Zeile »Nothing can kill the Spirit«. Kurz danach habe ich Audre Lordes Gedicht »There Are No Honest Poems About Dead Women« (Es gibt keine ehrlichen Gedichte über tote Frauen) erneut gelesen, ein Gedicht, das den gewaltsamen Tod unzähliger Schwarzer Frauen* thematisiert. Ja, auch Krebs und andere sogenannte Zivilisationskrankheiten sind Gewalt, ausgehend von uns feindlich gesinnten Mächten. Audre, du hattest Recht:

Was wollen wir voneinander
nachdem wir unsere Geschichten erzählt
wollen wir
geheilt werden wollen wir
uns ruhig wie das Moos von unseren Wunden hinweg stehlen
wollen wir
die starke furchtlose Schwester
die den Schmerz verschwinden macht
Mutters Stimme […]

Donner rollt am Horizont
Ich kaufe Zeit mit einer anderen Geschichte. [...][133]

Audre, du hast Zeit nicht gekauft, doch erkämpft, für uns und unser aller Geschichten. Wir vermissen dich. Doch es gibt dein Werk, das weiterlebt, wie der Wille so vieler Frauen* in aller Welt, Grenzen zwischen sich und anderen zu überwinden, ihre Kreativität zu nutzen und entschieden gegen Rassismus, Sexismus, Homofeindlichkeit, Ausgrenzungen, Diskriminierungen und Gewalt jeglicher Art einzutreten und diese Aufgabe in deinem Sinn an ihren jeweiligen Orten zu bewältigen.

So fare you well, Gamba Adisa, join your ancestors and foremothers, rest in the hands of Afrekete. You have made your meaning known. We are survivors, meant to continue your work – and our own.

Wir begleiten dich, Gamba Adisa, auf dem Weg zu deinen Ahn*innen und Vormüttern, ruhe in den Händen Afreketes. Du hast uns deine Bedeutung wissen lassen. Wir sind Überlebende, bestimmt, deine Arbeit fortzusetzen – und unsere eigene.

133 Audre Lorde, 1986 (b), S. 61, Übers. M.K.

Abb. 12: Gedenkfeier in Berlin

Audre Lordes lebendiges Erbe in Deutschland

Unter dem Titel »Gefährtinnen, ich grüße euch« schrieb Audre Lorde 1986 ein Grußwort zur ersten Ausgabe von *Farbe bekennen. Afrodeutsche Frauen auf den Spuren ihrer Geschichte.* Die dritte Auflage des Buches, die 2006 erschien, enthält dieses um ihre Erfahrungen nach dem Fall der Berliner Mauer erweiterte Grußwort, das sie 1990 schrieb. Hatte sie darin schon die Unterschiede und Gemeinsamkeiten in unseren jeweiligen Kämpfen betont, so schrieb sie im gleichen Jahr im Vorwort zur englischen Ausgabe »*Showing Our Colors – Afro-German Women Speak Out*«:

> Um den Kampf gegen die vielen Facetten institutionalisierter rassistischer Unterdrückung erfolgreich zu führen, müssen wir die Kraft unserer jeweiligen Visionen teilen, wie auch die Bewaffnungen, die aus unseren besonderen Erfahrungen entstanden sind. Dazu müssen wir uns zunächst gegenseitig wahrnehmen.[134]

Diese Wahrnehmung von Gemeinsamkeiten und Differenzen in den Kämpfen von Menschen der afrikanischen Diaspora, von Peop-

134 May Ayim (Opitz), Katharina Oguntoye, Dagmar Schultz, 1992; Übers. des Zitats aus der engl. Ausgabe M.K.

le of Color und anderen unterdrückten Minderheiten war eng verbunden mit ihrem Glauben an die Möglichkeit eines wahren globalen Feminismus und an die Notwendigkeit von Koalitionen.

Im Zuge von Migration, in Auseinandersetzung mit der Kolonialgeschichte und unter dem Einfluss anti-kolonialer Befreiungsbewegungen in Afrika und der Bürg*erinnenrechtsbewegung in den USA hatten bereits seit den späten 1950er Jahren Schwarze Menschen in Deutschland individuell ihre Stimmen gegen Rassismus und gegen Konstruktionen von »Rasse« erhoben. Bereits 1959 schrieb der 1926 in Berlin geborene Theodor Wonja Michael seine Examensarbeit über Schwarze Kinder im Nachkriegsdeutschland. In den 1960er Jahren veröffentlichte der in Kamerun geborene, in der Weimarer Republik aufgewachsene und 1937 vor den Nazis nach Frankreich geflohene Dualla Misipo auf Deutsch seine autobiografische Erzählung »Der Junge aus Duala«. Wie der afrodeutsche Autor, Herausgeber und Poet Philipp Khabo Koepsell 2019 in einem Überblick für die Online Redaktion des Goethe Instituts feststellt, stammen aus derselben Zeit auch die Poesie-Sammlungen »einiger afrikanisch- und afroamerikanisch-stämmiger Teilnehmender der Residenzprogramme des Literarischen Colloquiums Berlin«[135]. Bekannt in den 1970er und 1980er Jahren wurde die 1929 in Hamburg geborene Friedensaktivistin und Liedermacherin Fasia Jansen. Zwischen 1983 und 1988 erschien in Deutschland das Literaturmagazin *AWA Finnaba*, herausgegeben von der African Writers Association. Meine Essays zu Schwarzen Autor*innen und zu Rassismus in der *weißen*

135 Philip Khabo Koepsel. Schwarze Deutsche Literatur. Heimat, Identität und Rassismus. Online unter https://www.goethe.de/ins/gb/en/kul/lue/21736571.html

Frauen*bewegung erschienen zwischen 1985 und 1988 in *Englisch-Amerikanische Studien* und in den *Beiträgen zur Feministischen Theorie und Praxis.* All dies waren jedoch meist vereinzelte Stimmen, die sich im literarischen Bereich oder im Kontext anderer Bewegungen, wie der Friedensbewegung, der 1968er-Bewegung oder dem neuen Feminismus* artikulierten. Für die Bildung eines kollektiven Schwarzen Bewusstseins und organisatorischer Strukturen in Deutschland waren Audre Lordes Begegnungen mit Schwarzen Deutschen bahnbrechend. Sie markierten den Beginn einer interkulturellen Bewegung, die zur Gründung verschiedener Organisationen führte, wie der Initiative Schwarzer Menschen in Deutschland (ISD), des Vereins ADEFRA, und Zeitschriften wie *Afro Look* und *Afrekete* oder Projekten wie das fünfte *International Cross-Cultural Black Women's Studies Summer Institute* Schwarzer Frauen oder *Homestory Deutschland,* einer Wanderausstellung zu Schwarzen Biografien in Deutschland in der Vergangenheit und Gegenwart.

Audre Lorde hatte eine außergewöhnliche Fähigkeit, andere zu inspirieren und zu bestärken. Sie ermutigte durch ihr Handeln und ihre kraftvolle Lyrik junge Schwarze deutsche Frauen* dazu, ihre eigenen Werke zu veröffentlichen, insbesondere die Deutsch-Ghanaische Dichterin May Ayim,[136] nach der 2010 in Berlin eine Straße benannt wurde. Andere ermutigte Lorde, so Ika Hügel-Marshall, ihre Autobiografie zu veröffentlichen.[137] Lorde wollte wissen, was es bedeutete in Deutschland in den Nachkriegsjahren Schwarz aufzuwachsen und sich zu behaupten. Ebenso wichtig war ihr die Ver-

136 May Ayim: *Blues in Schwarz Weiß*, 1995; *Nachtgesang,* 1997.

137 Ika Hügel-Marshall: *Daheim Unterwegs*, 1998.

netzung der internationalen Schwarzen Frauen*- und Lesbenbewegung. Für die Bewegung Schwarzer Frauen* in Deutschland war ihre Initiative 1991 das Fünfte Internationale Interkulturelle Sommer-Seminar für Schwarze Frauen in Deutschland durchzuführen ein Meilenstein, ein Ereignis, mit dem es gelang, zunächst drei Wochen lang, selbst in Deutschland die Stimmen Schwarzer Frauen* hörbar zu machen.[138] Diese Veranstaltung in Westdeutschland fand zwei Jahre nach dem Fall der Berliner Mauer statt. Zwei Jahre zuvor hatte Audre Dresden besucht und dazu beigetragen, Schwarze Deutsche und Menschen der afrikanischen Diaspora aus beiden Teilen des Landes mit der internationalen Schwarzen Community zu verbinden.

Nach der ersten Gedenkfeier in Berlin im Februar 1993 fanden noch zwei weitere in den Jahren 2002 und 2007 statt. 2012, zwanzig Jahre nach ihrem Tod, wurde ihr vielfältiger Einfluss in Deutschland in dem auf der Berlinale ausgezeichneten Film *Audre Lorde – The Berlin Years 1984 to 1992*[139] erneut lebendig. Dieser Dokumentarfilm, indem auch Weggefährtinnen* von Audre Lorde zu Wort kommen, wurde bis heute in zahlreichen Ländern auf Festivals und Vorführungen gefeiert. In Deutschland wurde er in vielen Städten gezeigt, bei Veranstaltungen, in Universitäten und anderen Institutionen. Nach einem Vortrag zu Audre Lorde, den ich im November 2013 vor Stud*entinnen an der Universität Bielefeld hielt, sagte eine junge *weiße* Frau: »Ich habe das alles nicht gewusst. Ich

---

138 Das »Institute« wurde ursprünglich in den USA von Andrée Nicola McLaughlin gegründet. Im Beirat war u. a. Audre Lorde.

139 Dagmar Schultz, 2012.

habe eine Menge gelernt, und beneide alle, die Audre Lorde persönlich gekannt haben.« Drei Jahre später erhielt ich eine Einladung von der Frauen*studiengruppe an der Fachhochschule Bielefeld, für eine Einführung zu dem Film. Es war an einem ungewöhnlich heißen Nachmittag am Ende des Semesters. Ich erwartete nicht, dass viele Menschen kommen würden, und als ich zehn Minuten vor Beginn der Veranstaltung in den Vorlesungssaal kam, waren da nur zwei junge Frauen* vom Organisationsteam. Aber dann betraten immer mehr Menschen den Raum, *weiße* Menschen, einige Schwarze und People of Color, Frauen* und Männer*, Junge und Ältere. Nach meinem Vortrag und der Filmvorführung fand eine lebhafte Diskussion statt, über Sexismus und Rassismus, Gender-Rollen und die Bedeutung von Literatur. Einige Frauen* blieben nach dem Veranstaltungsende. Einige der jüngeren Frauen* hatten zum ersten Mal von Audre Lorde gehört, einige ältere sagten, dass sie die meisten von Audre Lordes Werken gelesen hätten, und einige von ihnen erinnerten sich an eine Lesung von Audre in dieser Stadt vor mehr als dreißig Jahren. Im selben Jahr wurde der Film in einem kleinen Berliner Off-Kino gezeigt, auch mit arabischer Übersetzung. Seitdem hat der Film einen festen Platz im monatlichen Programm eines anderen kleinen Berliner Kinos.

Der Film und die Webseite zum Film sind ein wichtiger Beitrag zu den andauernden Aktivitäten, die das Erbe Audre Lordes in Deutschland wach halten. Auch weltweit wird die Erinnerung an diese großartige Dichterin aufrechterhalten, wie in der Sonderausgabe der Online Plattform *The Feminist Wire* 2014. Unter den zahlreichen internationalen Beitragenden sind auch vier deutsche Autorinnen*, die Audre Lorde persönlich kannten und die aus verschiedenen Perspektiven ihre Bedeutung für die Entwicklung einer Schwarzen Bewegung in Deutschland hervorheben.

Auch wenn auf dem Mainstream-Buchmarkt eine größere Präsenz wünschenswert wäre, so sind dennoch Audre Lordes Werke auch in Deutschland noch verbreitet. Neben Originalversionen sind Übersetzungen von *Zami* und *A Burst of Light* ebenso erhältlich wie die Essaysammlung *Macht und Sinnlichkeit*. 2012 erschien eine Sammlung von Essays und Gedichten von Audre Lorde und von Schwarzen deutschen Frauen*, die nochmals auf Lordes Verbindung mit der Schwarzen Frauen*bewegung in Deutschland verweist.[140] 2015 gab AnouchK Ibacka Valiente eine Übersetzung von kurzen Essaytexten von Audre Lorde unter dem Titel *Vertrauen, Kraft & Widerstand*[141] heraus.[142] In der Textsammlung *Kinder der Befreiung – Transatlantische Erfahrungen und Perspektiven Schwarzer Deutscher der Nachkriegsgeneration*[143] betonen viele der Beitragenden, wie wichtig Audre Lordes Leben und Werk für ihre eigene persönliche und politische Entwicklung gewesen ist. In Gloria I. Josephs Bio/Anthologie *The Wind Is Spirit*, die 2016 erschien, beschreiben im Teil »Hoffnung und Heilung, Berlin, Deutschland« Schwarze und *w*eiße deutsche Frauen*, und Audre Lordes *w*eißer deutscher Naturheilpraktiker, welchen verschiedenen Einfluss Lordes Kämpfe und Visionen auf ihre eigenen Leben hatten.

---

140 Peggy Piesche (Hg.), 2012.

141 AnouchK Ibacka Valiente, 2015.

142 Inzwischen liegt der gesamte Band Sister Outsider auf Deutsch von Eva Bonné und Marion Kraft im Hanser Verlag vor.

143 Marion Kraft (Hg.), 2015.

Diese Kämpfe und Visionen standen auch im Mittelpunkt eines 2014 von Schwarzen und PoC Frauen* in Berlin veranstalteten akademischen Symposiums unter dem Titel »Audre Lordes Black Germany«.[144] Bekanntlich ist Deutschland, im Gegensatz zu den USA, weniger poesie-affin. Umso bedeutsamer ist es, dass 2020 die zweisprachige Ausgabe der von Audre Lorde noch selbst ausgewählten Gedichtsammlung *Die Quelle unserer Macht* nach fünfundzwanzig Jahren neu aufgelegt wurde, zeitgleich mit dem Beginn einer Veranstaltungsreihe in Berlin zur Umbenennung einer Straße nach Audre Lorde.

Wie Gloria I. Joseph in einem Interview in dem Film *Audre Lorde – The Berlin Years 1984 to 1992* sagt, war es Audres Publikum in den USA wenig bewusst, wie wichtig ihr ihre Erfahrungen in Deutschland waren und welchen großen Einfluss sie hier auf die junge Schwarze Bewegung hatte. Dies mag zum Teil auch daran liegen, dass grundlegende Kenntnisse über Deutschland in den USA nicht weit verbreitet sind. Während mehrerer Aufenthalte in den letzten Jahren dort habe ich oft gehört: »Ich wusste gar nicht, dass es Schwarze Menschen in Deutschland gibt.« Allerdings hatten Schwarze Deutsche auch vor ihren Begegnungen mit Audre nicht kollektiv im internationalen Rahmen ihre Stimmen erhoben. Umso bedeutsamer war die Publikation des Buches *Farbe bekennen* und dessen Übersetzung ins Englische. Seitdem ist die Bewegung, die dies angestoßen hat, beständig gewachsen und präsent in verschiedenen Institutionen, Kampagnen und einem anwachsenden Kanon fiktionaler und wissenschaftlicher Literatur, und auch in der

144 Vgl. blog.feministische-studien.de, 2014.

Lyrik, die Audre Lorde als die »subversivste Form der Sprache« bezeichnete.

Audre Lorde hatte auch einen Einfluss auf die *weiße* feministische Bewegung in Deutschland, insofern dass ihre eindringlichen Reden gegen Rassismus und Homofeindlichkeit *weiße* Frauen* zum Nachdenken über ihre Privilegien anregte und, weil sie wiederholt auf dem »kreativen Nutzen der Verschiedenheit« bestand. Sie beschrieb ihre Visionen von internationalen Veränderungen und von der Notwendigkeit auf Veränderungen zielender Netzwerke auf zahlreichen Veranstaltungen, bei Konferenzen und Lesungen. Wichtig waren ihr dabei vor allem Bestärkung Schwarzer Menschen und People of Color, die weltweit unter den Folgen ausbeuterischer ökonomischer Systeme leiden. Mutig verwies sie aber auch auf Differenzen unter den Unterdrückten und ermutigte dazu, diese Differenzen nicht zu verschweigen, sondern sie kreativ zu nutzen.[145] Sie vertraute in unser aller Fähigkeit, gemeinsame Ziele gegen alle Widerstände zu erreichen. Ihr realistischer Skeptizismus und gleichzeitig ihre Hoffnungen und Visionen von einer anderen Zukunft halten ihr Erbe immer noch wach, in vielen Teilen der Welt, auch in Deutschland. Beeindruckend ist dabei ihr Selbstvertrauen. So sagte sie einmal: »Die einzig wahre Hoffnung, die es geben kann, besteht doch darin, dass wir uns ehrlich eingestehen, wie viel wir noch tun müssen; und ich glaube, wir können das tun, und nicht nur das, ich glaube, wir können es mit *Freude* tun.«[146]

---

145 Siehe hierzu das Interview in diesem Band: »Vom kreativen Nutzen der Verschiedenheit – Ein Gespräch mit Audre Lorde«.

146 Ebd.

Freude, selbst im Zentrum verschiedener Kämpfe, bestimmten Audres Visionen vom Leben. Sie bestimmte ihre Lesungen, ihre Vorträge und die Kommunikation mit ihrem unterschiedlichen Publikum. Aber sie hatte auch Freude an intensiven persönlichen Gesprächen, an Feiern und beim Tanzen. Und sie erfreute sich an der Schönheit der Natur. Ich durfte Zeugin davon werden, dass ihr Gefühl für die Wunder der Schönheit dieser Welt die andere Seite ihres ehrlichen Engagements im Kampf gegen die Kräfte der Zerstörung waren. Sie war eine Schwarze lesbische kriegerische Dichterin, aber auch Mutter und Liebende.

Eine ihrer wichtigsten Aussagen ist für mich: »Ich liebe Menschen, Männer* und Frauen*, Ich habe die Fähigkeit zu lieben.«[147] Diese Liebe zu Menschen, diese Verpflichtung zur Humanität bildete die Grundlage ihrer Solidarität mit den Unterdrückten und ihrer so wichtigen Beziehung zu Schwarzen Menschen in Deutschland, die sie, ihre Werke und Visionen immer noch feiern, nach mehr als fast dreißig Jahren nach ihrem Tod.

---

147 Zitat aus dem Film *Audre Lorde – The Berlin Years 1984 to 1992.*

Abb. 13: Eine Straße für Audre Lorde

»The Wind Is Spirit«: Eine Würdigung

Mehr als sechzig Menschen aus aller Welt haben zu der preisgekrönten Bio/Anthologie *The Wind Is Spirit: The Life and Legacy of Audre Lorde*[148], beigetragen. Das Buch wurde von ihrer langjährigen Partnerin und Lebensgefährtin, Gloria I. Joseph herausgegeben, die auch die verbindenden Texte dazu geschrieben hat. Die Beitragenden zeichnen ein präzises, lebendiges, vielfältiges und persönlich bewegendes Portrait der Dichterin Audre Lorde aus unterschiedlichen Perspektiven. Die Auto*rinnen unterscheiden sich in ihren Gender-Selbstverständnissen und sexuellen Identitäten, in Nationalität, sozialer Klasse und Alter. Was sie verbindet, sind ihre Visionen von einer besseren Welt, Visionen, die Audre Lorde auf unterschiedliche Weise mit ihnen geteilt hat. Ihre Hommage für Audre Lorde legt ein lebendiges Zeugnis davon ab, wie Audre Lorde und ihre Werke unzählige Menschen in aller Welt inspiriert haben. Die verschiedenen Essays werden anschaulich durch die Erinnerungen von Gloria I. Joseph, Lordes Begleiterin auf so vielen Stationen ihres Lebens, verbunden. Diese verbindenden Texte zeich-

148 Gloria I. Joseph, 2015. Dieses Buch ist zurzeit leider vergriffen. Nach dem Tod Gloria I. Josephs seit August 2019 gibt es verschiedene Initiativen, die sich um eine Neuauflage bemühen.

nen ein sehr persönliches Bild von Audre Lordes Leben, ihrer Arbeit und ihrem Aktivismus.

Dieser Band folgt nicht den herkömmlichen Formaten typisch biografischer Texte. Das Buch ist ein Chor verschiedener Stimmen und folgt sowohl der Tradition des *Storytelling* aus verschiedenen Perspektiven als auch der des *Call and Response*. Nach Gloria I. Joseph »bietet er Einblick in die verschiedenen Realitäten von Audres Leben. Die Beiträge zeichnen in einer Vielfalt von Settings Audres Entwicklung über Jahre hinweg nach und geben so einen Einblick in ihren Charakter.« Gloria I. Joseph betont auch, dass Audre kurz vor ihrem Tod sagte, dass diese Biografie die Geschichte ihres Lebens in all seiner Komplexität erzählen sollte.[149] Es ist Gloria I. Joseph auf gekonnte und behutsame, auf bewegende und inspirierende Weise gelungen, diesen Auftrag Audres zu erfüllen.

Das Buch gliedert sich in sechs Teile. Das Kapitel »The Indelible Influence and Impact of Audre Lorde«, besteht aus sechs Abschnitten, die mit Beiträgen von der zentralen Gedenkfeier in New York im Januar 1993 beginnen und mit einer Sektion zu »Aktivismus und Heilung« schließen. Dieser Teil des Buches enthält die meisten Beiträge von Freund*innen, Kolleg*innen, Familienmitgliedern und Weggefährt*innen Audres.

Teil I, »Things Happen: A Call and Response Biography of Audre Lorde,« bietet aus unterschiedlichen Perspektiven Einblicke in Audres familiären Hintergrund und verschiedene Stationen ihres Lebens und wird mit einer kurzen Erklärung Gloria I. Josephs eingeleitet:

149 Ebd. S. 1, Übers. M.K.

Abb. 14: Cover: *The Wind Is Spirit*

»Ich habe Geschichten von Menschen aus ihrem Leben zusammengetragen, die sie gut kannten, aber auch Anekdoten von Audre selbst. So konnte ich präzises und umfassendes biographisches Material in einer Synthese verbinden.«[150] Zu diesen Materialien gehören Momentaufnahmen aus Audres Kindheit, erzählt von ihrer Schwester Phyllis Blackwell und ein Interview, das Gloria I. Joseph 1991 zu Audres Ehe mit Ed Rollins gemacht hat. Sodann entfaltet Joseph geschickt die Geschichte von Audres Leben, und fügt dabei kurze Essays und Erzählungen von Freund*innen, Verbündeten und Kolleginnen* ein, darunter Texte der jüdischen lesbischen Autorin Adrienne Rich und Audres Lektorin Nancy K. Bereano.

150 Ebd., S. 11, Übers. M.K.

Im zweiten Teil beschreibt Gloria I. Joseph »The Pleasures and Politics of Traveling with Audre«, die Freuden ihrer gemeinsamen politischen Reisen.

Den Hauptteil bildet das dritte umfangreiche Kapitel, ein überwältigendes historisches Dokument, in dem eine Vielzahl von Stimmen den bleibenden Einfluss Audres, ihre Visionen und ihre Weisheit zelebrieren. Nach den Würdigungen bei der Gedenkfeier in New York erinnern sich in persönlichen Erzählungen Audre Lordes Tochter, Elizabeth Lorde-Rollins und viele Freund*innen und Kolleg*innen, unter ihnen Barbara Smith und Michelle Cliff. Der dritte Teil dieses Kapitels »Hope und Healing: Berlin, Germany« (Hoffnung und Heilung: Berlin, Deutschland) beschreibt einen bedeutsamen Abschnitt in Audres Leben, ihre Verbindungen zu Deutschland und ihren Einfluss auf die Schwarze Frauen*bewegung. Gloria I. Joseph betont hier, dass »Audre Lordes Einfluss und Wirkung auf die Schwarze Community in Deutschland über das Politische und Akademische« hinausging. Deutschland bot in vieler Hinsicht eine Erholung von der stahl- und betongeprägten, anstrengenden Stress-Atmosphäre in New York City.«[151] Als Les*erinnen dürfen wir an Augenblicken dieses unbeschwerten Lebens teilhaben, aber auch an Momenten von Audres Kampf gegen Krebs, an Szenen ihres endgültigen Abschieds von Freundinnen* am Tegeler Flughafen und an der Gedenkfeier in Berlin.

Die kurzen Beiträge deutscher Frauen*, die sich Josephs Überblick über Audres Besuche in Berlin anschließen, sind lebhafte Beispiele für Audre Lordes Einfluss in Deutschland. »Ich liebte sie für

---

151 Ebd., S. 147, Übers. M.K.

ihr Lachen sowie für ihre Kämpfe«, schreibt Ika Hügel-Marshall, Autorin von *Daheim unterwegs – ein deutsches Leben*. Ihren Erinnerungen an Audre folgt das Gedicht »Soul Sister« der ghanaisch-deutschen Dichterin May Ayim und eine Hommage von Manfred Kuno, Audres Naturheilpraktiker in Berlin. Katharina Oguntoye, Mitherausgeberin von *Farbe bekennen*, erinnert sich an den Einfluss, den Audre Lorde auf ihr Coming-out als Schwarze lesbische Frau in Deutschland hatte, und Dagmar Schultz, Produzentin und Autorin des Films *Audre Lorde – The Berlin Years 1984 to 1992*, erzählt von Lordes Kontakten zu der *w*eißen deutschen Frauen*bewegung und ihrer Bedeutung für den Orlanda Frauenverlag. Judy Gummich, Mitbegründerin von ADEFRA schreibt: »Die Erfahrungen meiner Begegnungen mit Audre Lorde ließen mich erkennen, dass der Einfluss, den sie auf die Schwarze deutsche Bewegung hatte, von der ich ein Teil bin, untrennbar verbunden ist mit ihrem persönlichen Einfluss auf mich, und seitdem kann ich meine politische Arbeit nicht mehr von meinem privaten Leben trennen.«[152] Helga Emde erinnert sich an Feiern und Tanzen mit Audre in Berlin, und Annabelle Bernard, afroamerikanische Opernsängerin, die Audre in Berlin traf, erinnert sich an ihre erste Begegnung, nach der sie Audre nie mehr vergessen konnte. So unterschiedlich diese Beiträge in Inhalt und Form sind, unterstreichen sie alle Audre Lordes großen Einfluss auf die Schwarze Frauen*bewegung in Deutschland. Andererseits betont Gloria I. Joseph, dass Audre immer wieder ihre Freude zum Ausdruck gebracht hat, über die Unterstützung, die sie ihrerseits von der

152 Ebd. S. 171, Übers. M.K.

Schwarzen Community in Deutschland erfahren hat.[153] Dieser Abschnitt endet mit einem brillanten Essay der Songschreiberin und Musikerin Cora Leibowitz, auch bekannt als Corazón. Ihr Song »Her name was Audre« ist auch das musikalische Leitmotiv in dem Film *Audre Lorde – The Berlin Years 1984 to 1992*. In ihren Erinnerungen an verschiedene Episoden und Begegnungen zeichnet Corazón ein lebendiges und persönliches Portrait von Audre, das gleichzeitig eine Momentaufnahme von der Situation in Deutschland in den späten 1980er Jahren, der Frauen*- und Lesben und der Schwarzen Bewegung ist.

Am Ende des Schlussbeitrags in diesem Teil des Buches finden sich Hinweise auf Audres sich verschlechternde gesundheitliche Situation. So trägt dann auch der vierte Teil des Buches den Titel »The Balm of Home in St. Croix« (Heilung Zuhause auf St. Croix). Alle Teile des Buches sind mit anschaulichem Fotomaterial illustriert, doch sind die Bilder in diesem vierten Teil besonders intim. Sie zeigen Audre beim Schwimmen in der Karibik, mit ihrem Hund Beeva, mit den Sojourner Sisters, einer Organisation zur Förderung des karibischen kulturellen Erbes, Audre mit einem Neugeborenen, im Garten ihres Hauses *Judith's Fancy* posierend, und »Zami«, den Teddybär, dessen Geschichte Rebecca Lewis Smith erzählt, die Tochter enger Freund*innen von Audre und Gloria. Die Beiträge in diesem Teil gewähren Einblick in die heilsamen Wirkungen St. Croix' auf Audre, aber auch die diverse Community dieser kleinen Insel.

Im Zentrum des fünften Kapitels stehen Lordes Einfluss als Autorin und Dichterin und die internationale Bedeutung, die ihre Werke

153 Ebd. S. 179.

für andere Auto*rinnen und Wissenschaft*lerinnen bis heute haben. Zu den Beitragenden gehören Cherríe Moraga aus den USA und Cathie Koa Dunsford aus Neuseeland. Dunsford erinnert sich daran, wie sie in den 1970er Jahren an der Universität von Auckland einen Frauenstudiengang einrichten wollte und dabei besonders inspiriert wurde von Audre Lordes *The Black Unicorn*. Ihr langes Gedicht für Audre Lorde »The Miracle of Survival« (Das Wunder des Überlebens) ist eine poetische Hommage, eine Erinnerung an eine tiefe Freund*innenschaft, »with food to eat, poems and songs to share« (an gemeinsame Essen und das Teilen von Gedichten und Liedern).

Im sechsten und letzten Kapitel, das Aktivismus und Heilung gewidmet ist, feiern verschiedene Freundinnen* und Weggefährtinnen* das besondere Leben und Werk Audre Lordes. Angela Y. Davis erinnert sich daran, dass sie während eines Besuches in einem Jugendgefängnis, wo sie mit den Jugendlichen über die Zeit sprach, als sie auf der Flucht vor dem FBI war, an Audres Worte über den Umgang mit Angst denken musste. Sie beschreibt dann ihre Überraschung, als sie nach ihrem Vortrag in einem der Unterrichtsräume der Jungen ein Foto von Audre Lorde sah, mit einem Zitat aus dem *Krebstagebuch*. Mia Mingus, eine koreanische Schriftstellerin und Aktivistin, die in St. Croix aufwuchs, erzählt, wie Audre sie dazu inspirierte Klavier spielen zu lernen, und Gloria I. Joseph selbst berichtet von der immensen Unterstützung, die Audre Lorde aus der ganzen Welt in den letzten Jahren ihres Lebens erhielt.

Teil vier in diesem Kapitel enthält bewegende Berichte von Zeremonien in St. Croix, Berlin und Hawaii, und in Teil fünf »Keepers of the Flame«, berichten Wissenschaftlerinnen* und Autorinnen* verschiedener Generationen welchen Einfluss Audre auf ihre eigenen Werke hatte.

Diese kurze Würdigung des Buches kann nur einen kleinen Über- und Einblick in einige Themen dieser außergewöhnlichen Anthologie geben. *The Wind Is Spirit* ist nicht nur ein bewegendes und authentisches Kaleidoskop der Liebe, des Lebens und des Erbes Audre Lordes, sondern bietet durch die vielfältigen Stimmen aus aller Welt zu Audres Arbeit, Weisheit und Aktivismus einen tiefen Einblick in die politische Situation und die Bewegungen in der zweiten Hälfte des 20. Jahrhunderts. Gleichzeitig ist dieses Buch eine Quelle der Inspiration für Auto*rinnen, Aktiv*istinnen und Wissenschaft*lerinnen und für alle, die Audres Kampf für positive Veränderungen fortsetzen.

Ein Erinnerungsarchiv: Briefe von Audre Lorde

Seit mehr als dreißig Jahren bewahre ich eine schmale Mappe mit persönlichen Briefen Audres in meinem Schreibtisch auf.[154] Diese Briefe, die ich immer mal wieder gelesen habe, rufen nicht nur kostbare Erinnerungen hervor, sondern bedeuten mir auch Bestärkung und Inspiration. Neben persönlichen und privaten Aspekten veranschaulichen sie auf besondere Weise die Dinge, die Audre sehr am Herzen lagen: die Bedeutung der Sprache und des Unterrichtens, Diskurse über Machtstrukturen und Gemeinsamkeiten und Differenzen unter Frauen*. So schrieb sie mir in einem Brief nach unserem ersten Treffen in Berlin:

> […] Und ja, du wirst feststellen, dass nichts Schwarze und *weiße* Frauen schneller polarisiert als die Diskussion über Gefühle zur Literatur, so wie meine Schriften, die Mary Dalys etc., unsere verschiedenen Einstellungen und Reaktionen. Dasselbe geschieht

---

154 Mein Teil der Korrespondenz befindet sich in den Audre Lorde Archiven in den USA. Audres Briefe, aus denen hier zitiert wird, werden zu einem späteren Zeitpunkt dem Audre Lorde Archiv an der Freien Universität Berlin übergeben. Die hier verwendeten Zitate wurden von mir ins Deutsche übersetzt.

auch mit Männern, aber natürlich erwarten wir da ein weites Feld des Schweigens und der Blindheit und sehen sie dann, hoffentlich, als Orte der Kommunikation und des Wachstums. Aber den Unterschieden zwischen Schwarzen und *weißen* Frauen wurde so viel weniger Aufmerksamkeit geschenkt, dass wenn diese Differenzen auftauchen, sie sich manchmal wie Verrat anfühlen. Nebenbei bemerkt freue ich mich, dass dein Mann und einige seiner Freunde Zami lesen. Ich würde gerne wissen, welche Diskussionen ihr darüber führt.[155]

Im gleichen Brief bezieht sich Audre auch auf bestehende Differenzen unter Schwarzen Frauen. *Farbe bekennen* war gerade herausgekommen, und ich hatte erwähnt, wie wichtig ich dieses bahnbrechende Buch fand, jedoch ohne meine Kritik an einigen Aspekten zu verhehlen. Nach einer ersten Lektüre hatte ich das Gefühl, dass in einigen der Lebensgeschichten dort zu viel Gewicht auf die Opferrolle gelegt wurde, anstatt die Kämpfe der Autorinnen*, ihr Überleben, ihre Erfolge und Siege zu unterstreichen. Auch fühlte ich schon damals, Mitte der 1980er Jahre, ein gewisses Unbehagen beim Betrachten einiger Illustrationen im historischen Teil des Buches – rassistische Zeichnungen und Karikaturen von Schwarzen Menschen –, die natürlich dazu gedacht waren, den Rassismus in der Weimarer Republik, im Faschismus und in den Nachkriegsjahren zu veranschaulichen. Heute würde mensch vielleicht sagen, es fehlte so etwas, wie eine Triggerwarnung, und ich hatte die Befürchtung, dass diese Bilder sich auch selbst in das Bewusstsein von Menschen ein-

155 Brief vom 30. Juli 1986.

brennen könnten und so rassistische Stereotype wiederholen, statt sie dekonstruieren zu können.

Jedoch hatten wir vor mehr als dreißig Jahren noch kaum Strategien entwickelt, solche Bilder kritisch darzustellen und sie zu analysieren bei gleichzeitiger Vermeidung der Gefahr sie zu reproduzieren. Viele Jahre später, 2014, als ich an einem Podium im Begleitprogramm der vielen Veranstaltungen zu der Ausstellung *Decolonize München* teilnahm, begegnete ich einer nachahmenswerten Möglichkeit zur Anwendung solcher Strategien: In einem der Ausstellungsräume gab es eine Sammlung von kolonialen und rassistischen Plakaten, Comics und Karikaturen der 1950er und 1960er Jahre. Zunächst war ich irritiert, weil die meisten Ausstellungskästen leer und dunkel waren. Doch dann sah ich die kleinen Hinweisschilder daneben, die eine Art von Triggerwarnung enthielten und die Besuch*erinnen aufforderten, einen kleinen roten Knopf zu drücken, wenn sie den rassistischen und verletzenden Inhalt dieser Exponate tatsächlich sehen wollten. Diese Art des Diskurses ist jedoch ein Resultat von dreißig Jahren Aktivismus und Literatur nach *Farbe bekennen*, wo rassistische Begriffe wie das N-Wort noch ohne Warnung ausgeschrieben wurden. Daher rührte mein vages Gefühl eines Unbehagens nach der ersten Lektüre von *Farbe bekennen*, auch weil ich unsicher war, wie ich damit in meinen Kursen, in denen ich dieses wichtige Buch unterrichten wollte, umgehen sollte.

Mein Gedankenaustausch mit Audre drehte sich auch um solche Fragen, und sie war sehr interessiert an meinen Erfahrungen als

Schwarze Dozentin in Deutschland. In einem ihrer ersten Briefe an mich schrieb sie:

> [...] Bitte, bitte schicke mir eine Kopie deines Artikels über deine Erfahrungen mit dem Unterrichten der Literatur Schwarzer Frauen in Deutschland. Was ich 1984 darüber gelernt habe, hat mich sehr beeindruckt [...], und ich würde sehr gerne wissen, wie du das als Schwarze Frau und als Lehrerin siehst. Oder sende mir einfach ein Abstrakt des Essays, falls du nicht die Zeit hast, ihn zu übersetzen. Ich selbst war besonders fasziniert davon, welche Wirkung Sprache auf die Entwicklung von Gefühlen hat.
>
> Ich möchte auch unbedingt über Farbe bekennen sprechen und über deine Gefühle dazu. Ich kann es nicht lesen, habe es versucht und war frustriert, wie viele Nuancen mir entgehen, mit meinem Wörterbuch in der Hand. Bitte schreibe mir, was du darüber denkst. [...]
>
> Ich habe das Gefühl, eine Geistesverwandte in dir getroffen zu haben, Marion, und ich hoffe, wir können die physische Entfernung zwischen uns überwinden und in Kontakt bleiben. Es wäre sehr wichtig für mich [...][156]

Für mich war der Austausch mit Audre sehr bedeutsam, und es war mir wichtig, ihre Werke in Deutschland bekannter zu machen, nicht nur in der Metropole Berlin. Im November 1987 lud ich sie

---

156 Ebd.

und Gloria I. Joseph nach Bielefeld ein, wo ich Lesungen an der Universität und im Frauenkulturzentrum organisiert hatte. Dies war der Beginn einer tiefen Freund*innenschaft und der Moment, an dem sich Audre in meine damals dreijährige Tochter verliebte.

Abb. 15: Audre Lorde im Haus der Autorin, Bielefeld, 1987.

Ähnlich bedeutsam waren die Verbindungen zu anderen Schwarzen Frauen* auf internationaler Ebene, die Audre mir ermöglichte. Im Sommer 1988 nahm ich mit der afrodeutschen Aktivistin, Helga Emde, an der Internationalen Feministischen Buchmesse in Montreal, Kanada teil, wo wir inspirierende Gespräche mit Audre, der südafrikanischen Aktivistin Ellen Kuzwayo, der afroamerikanischen Autorin und Aktivistin Barbara Smith und anderen Schwarzen Feministinnen* Autorinnen* und Aktivistinnen* führen konnten. Audres Unterstützung war in vielerlei Hinsicht wertvoll, und obwohl sie mit Lesungen und Konferenzen sehr beschäftigt war, trotz ihrer geschwächten Gesundheit und dem Tod ihrer Mutter im August 1988, interessierte sie sich für mich und meine Projekte. Wenige Wochen nach der Begegnung in Montreal schrieb sie mir:

> Hier ist endlich die Publikationsliste, die ich dir während unserer aller schönen, doch viel zu kurzen Zeit in Montreal versprochen hatte zu schicken. Es hat mich gefreut, dass ich einige der besten Tage in diesem Sommer mit dir und Helga verbringen konnte. Nach Montreal war die NWSA[157] in Minnesota gut, aber sehr hektisch, und ich glaube, beides war etwas zu viel für mich. Nach meiner Rückkehr war ich länger krank und hätte es kaum nach New York zu dem Black Women's Seminar geschafft. Aber ich bin froh, dass ich hingefahren bin, weil es sehr aufregend war und eine Chance für Schwarze Frauen aus aller Welt miteinander zu reden – und zu streiten. […][158]

---

157 North West School of Agriculture, University of Minnesota, Women's Studies.

158 Brief vom 1. September 1988.

Einige Zeit später schickte mir Audre eine weitere Literaturliste und einen Aufsatz von Amitai Avi-Ram, der im Winter 1986 in *Callaloo*, Vol. 19 erschienen war. Darin werden einige klassische griechische Stilmittel in den Werken Audre Lordes und anderer Auto*rinnen untersucht. Ich fand das sehr interessant, hatte ich mich doch gerade mit afrikanischen Mythen und Erzähltraditionen in Audres Lyrik befasst. Hier wurde in der Verbindung mehrerer kultureller Elemente eine neue, hybride Ausdrucksform geschaffen, die einmal mehr verdeutlichte, wie Verschiedenheit kreativ nutzbar ist. Im selben Brief betonte Audre nochmals, wie wichtig es ihr war, dass ich einige ihrer Gedichte ins Deutsche übersetzte. Zu dem Zeitpunkt war unsere Korrespondenz bereits mehr als ein politischer oder professioneller Diskurs, und ich war immer wieder beeindruckt, wie ihre Herzenswärme und Menschenliebe in all ihren Briefen zum Ausdruck kam, ebenso wie ihre Liebe zur Natur.

> [...] Während ich hier sitze, strahlt die Sonne vor meinem Fenster auf Gloria, die die Bougainvillea gießt, und das Rauschen des Meeres tönt in meinen Ohren. Vor meinen Augen erscheint dieser sonnendurchflutete Nachmittag in dem asiatischen Café [in Montreal], und du und Helga in heiterer Unterhaltung, und eure Gesichter strahlen mit der Sonne um die Wette. Dies Bild erleichtert das Gewicht, das auf meinem Herzen lastet. Ihr beide seid ein Teil meiner Zukunft, und ich liebe euch dafür, für eure Unerschütterlichkeit, euren Mut, für euer Selbst. [...][159]

159 Brief vom 30. September 1988.

Kaum ein Mensch, den ich kannte, hatte so viel Mut wie Audre, in ihrem Kampf gegen alle Formen der Ungerechtigkeit – und gegen die bösartige Krankheit, die ihren Körper befallen hatte. Im Sommer 1989 hielt sich Audre wieder in Berlin bei unseren gemeinsamen Freundinnen* Dagmar Schultz und Ika Hügel-Marshall auf, gab Lesungen, nahm an Veranstaltungen teil und erhielt ihre alternative Krebstherapie. Zu dieser Zeit war ich in Frankreich und konnte sie nicht besuchen. Aber ich hatte ihr die Übersetzungen einiger ihrer Gedichte geschickt, um die sie mich gebeten hatte. Sie schickte mir einen Brief aus Berlin, in dem sie bedauerte, dass es ihr nicht möglich gewesen war, an der Tagung Schwarzer Frauen* in Zimbabwe teilzunehmen, da ihr Immunsystem sehr geschwächt war. Dennoch machte sie weiterhin Pläne und schrieb:

> […] Wenn ich kann, würde ich deinen Kurs sehr gerne jederzeit besuchen, wenn wir uns auf einen Zeitpunkt einigen können. Deine Übersetzungen sind wirklich sehr gut. Da gab es ein oder zwei Wörter, die ich im Manuskript vielleicht falsch geschrieben habe (word/world), aber ich weiß die Zeit und die Arbeit, die du darauf verwendet hast, sehr zu schätzen. Und es ist so eine Freude, sie hier und dort zu lesen, in Hamburg und Zürich etc., und zu sagen: »diese Gedichte wurden von meiner Freundin, Marion Kraft, übersetzt!« […] Ich würde mich sehr freuen, wenn du […] uns irgendwann in St. Croix besuchen könntest.[160]

---

160 Brief vom 14. Juli 1989.

Im August schickte Audre mir eine Postkarte aus St. Croix, mit dem Titel »Sunfilled Fruit of Paradise« (Sonnenerfüllte Früchte des Paradises). Geschrieben war sie wenige Tage, bevor der Hurrikan Hugo die Insel verwüstete.

Abb. 16: »Sunfilled Fruit of Paradise«

Die Natur und Bilder von ihr waren Audre immer sehr wichtig. Aber sie war sich auch der Macht bewusst, die zerstörerische Kräfte der Natur haben, ebenso wie sie die zerstörerischen Kräfte profitorientierter Machtstrukturen kannte. Als 1989 der Hurrikan Hugo die karibischen Inseln verwüstete, gab es noch kaum multimediale Berichte, wie bei dem Hurrikan Maria im Jahr 2017, und der Rest der Welt erhielt damals nur wenige Informationen. Als Audre mir einen Brief schickte, indem sie die verzweifelte Situation nach dem Hurrikan beschrieb, war ich sehr bewegt, nicht nur weil ich versuchte, mir die Zerstörung vorzustellen, sondern auch, weil ich von der scharfen Analyse beeindruckt war, mit der Audre die Situation nach dem Hurrikan beschrieb und sie in einen sozialen und politischen Kontext stellte. Selbst in dieser Situation war sie voller Stärke und Hoffnung, und brachte dies in ihrer schönen lyrischen Sprache zum Ausdruck. Während sie noch unter äußerst beschwerlichen Umständen lebte, setzte sie sich mit den historischen und gesellschaftlichen Implikationen dieser Naturgewalt auseinander:

Liebe Marion, meine Schwester,

kann es sein, dass schon wieder eine neue Jahreszeit begonnen hat, und ich deinen schönen Brief in der Hand halte, den du zur Sonnenwende geschrieben hast, als du und unsere anderen Freund*innen noch nicht wissen konnten, dass unsere Welt hier völlig aus den Fugen geraten ist und wir hier nass und entmutigt in unserem schlammigen Hof inmitten der Trümmer unseres Daches um ein Feuer kauern und Wasser für eine Suppe aus Resten kochen?

In Kürze: der Hurrikan Hugo hat uns zerrissen, meine Liebe. Er hat die Hälfte unseres Hauses hinweggefegt, das Dach, fast alle unsere Möbel [...]. Doch wir leben, und wir sind dankbar dafür, und seitdem ist das Leben auch schon wieder etwas besser geworden. Wir sind absolut zuversichtlich und entschlossen, alles wieder aufzubauen, aber noch ist das Leben nicht einfach. [...] Nach einer lähmenden Krise stehen wir jetzt vor der Frustration einer längerfristigen Bewältigung [...]. Wir haben immer noch kein Wasser, keine Elektrizität und kein Telefon, und das wird noch weit bis ins nächste Jahr so sein, so langsam, wie hier alles vorangeht. Natürlich weiß ich, dass der Großteil der Welt unter solchen Bedingungen lebt, und das lässt mich diese Zeiten nochmals aus einer anderen Perspektive betrachten. Zum Beispiel, was es tatsächlich bedeutet, auf der Weltbühne eine Kolonie zu sein, denn nach der US-amerikanischen Ordnung ist unsere kleine karibische Insel absolut unsichtbar. Aber es ist unser Zuhause, und es wird wieder schön. Das Grün kommt allmählich zurück, ebenso wie die Blumen. Es sieht nicht mehr aus wie ein zerbombtes Schlachtfeld, braun und unfruchtbar, und überall nur Zerstörung. Es ist schade, dass du [...] keine Gelegenheit hattest, unser Heim vor Hugo zu sehen, aber du wirst es bald sehen, schöner als jemals zuvor. [...][161]

Inmitten dieser Probleme und der enormen Energie, die dieser Wiederaufbau forderte,[162] fand Audre die Zeit, mir zu schreiben und verschiedene Themen und Probleme anzusprechen. Sie setzte sich mit den Erfahrungen des Sommerseminars für Schwarze Frauenstudien in Zimbabwe auseinander, das einige Wochen zuvor stattgefunden hatte und von dem Gloria I. Joseph und ich ihr aus verschiedenen Perspektiven berichtet hatten; sie analysierte die komplexe politische Situation in der Karibik und die Rolle der USA. Gleichzeitig bedauerte sie, dass ihre Gesundheit eine Teilnahme an

161 Brief vom 30. November 1989.

162 Vgl. Gloria I. Joseph, 2015, S. 76.

der internationalen Tagung in Zimbabwe verhindert hatte und betonte die Notwendigkeit und ihr Verlangen trotz alledem zu Hause, in St. Croix Ruhe zu finden. Aber niemals gab sie ihren Glauben an eine bessere Zukunft auf. So schrieb sie in diesem längeren Brief:

> [...] Oh, Marion, inmitten dieser Verwüstungen bleiben uns nur unsere Überzeugung und unser Engagement, wer immer wir auch sein mögen, so gut wir können, unseren Beitrag für eine bessere Zukunft zu leisten. Und ich denke an Josephine in ihrem Schneeanzug, an ihre strahlenden Augen, geliebt und gestärkt und ein wenig besser für den Kampf gerüstet als wir es waren, weil sie dich hat. Das Leben ist nicht einfach, Marion, für diejenigen von uns, die ernsthaft auf Veränderungen hin arbeiten, aber sie werden bereichert durch Liebe, durch unseren Glauben und unsere Entschlossenheit! [...][163]

Audre war entschlossen, die Probleme, die der Hurrikan Hugo verursacht hatte zu überwinden, ebenso wie die gesundheitliche Schwäche, die sie davon abgehalten hatte, an der Frauenkonferenz in Zimbabwe teilzunehmen. Im Frühjahr 1990 schien sie wieder voller Kraft und plante, auch einen meiner Literaturkurse in Bielefeld zu besuchen und zu einer Lesung an die Universität Osnabrück zu kommen. Im April schrieb sie mir:

> [...] Ich freue mich wirklich darauf, dich und deine Familie im Mai wiederzusehen. Kannst du mir noch etwas mehr über den

---

163 Brief vom 30. November 1989.

Kurs berichten, in dem ich sprechen soll? In welchem Kontext? Dichtung natürlich, aber was ist der Kontext der Kursteilnehm*erinnen?[164]

Eine solche Frage war typisch für Audre. Sie wollte ihre Analysen und ihre Visionen teilen, sie wollte lehren, aber sie wollte auch immer von denen lernen, mit denen sie kommunizierte. Wie sie in dem Interview von 1986 sagte: »Ich glaube, dass uns das lebendig hält. Wir lernen nicht von dem, was in Büchern steht. Wir lernen von der Interaktion, die stattfindet in dem Raum zwischen dem, was in Büchern steht und dem, was in uns ist.«[165] So fragte sie in einem Brief vom 14. April 1990: »Was haben deine Studierenden denn schon gelesen?«

Im Mai 1990 kam Audre nach Bielefeld, aber wir kamen zu dem Schluss, dass zwei Veranstaltungen innerhalb von zwei Tagen zu viel sein würden. Wir trafen uns mit einigen meiner Kolleg*innen und Stud*entinnen, von denen sie einige schon bei ihrer ersten Lesung hier im November 1987 kennengelernt hatte. Am nächsten Tag fuhren wir gemeinsam zu ihrer Lesung an der Universität Osnabrück, die eine sehr gut besuchte, erfolgreiche und inspirierende Veranstaltung war.

Am 29. Mai 1990 schrieb mir Audre einen Brief aus Berlin, in dem sie ihre Hoffnung auf positive Auswirkungen ihres Besuches zum Ausdruck brachte:

---

164 Brief vom 1. April 1990.

165 Zitat aus dem Interview in diesem Band: »Vom kreativen Nutzen der Verschiedenheit – Ein Gespräch mit Audre Lorde«.

Es war wunderbar, etwas ruhige Zeit mit dir und deiner Familie zu verbringen. Josephine wächst zu so einer wundervollen Person heran. [...] Ich hoffe, dass meine Lesung gute Resultate haben wird, für dich und für unsere Sache.

Obwohl das Reisen zu Lesungen von Ort zu Ort eine enorme Anstrengung für sie gewesen sein muss, dachte Audre schon wieder daran, einige meiner Seminare in Bielefeld nochmals zu besuchen. Nach ihrer Rückkehr nach Berlin erhielt ich eine Postkarte mit einer Collage, die einer ihrer Neffen angefertigt hatte, und schon wieder machte sie Pläne:

> [...] Ich hoffe sehr, dass wir irgendetwas für den 24. Juli arrangieren können. Das ist das einzige Datum, an dem ich noch nach Bielefeld kommen könnte. Aber ich würde das gerne für dich und deinen Kurs machen, weil du mich in vielerlei Hinsicht unterstützt hast. Auch würde ich dich, Josephine und Uli gerne wiedersehen. Eine weitere Lesung wäre dann aber zu viel, da ich dieses Mal versuche, den öffentlichen Teil nicht zu sehr zu strapazieren. [...][166]

Trotz ihrer geschwächten Gesundheit lebte Audre aber sehr wohl den »öffentlichen Teil«, und da ich ihren Terminplan kannte, beschloss ich, das Treffen mit meinem Kurs zu verschieben. Stattdessen reiste Audre etwas früher als geplant nach St. Croix zurück, jedoch

166 Postkarte vom 9. Juni 1990.

Abb. 17: Postkarte »We the People« (Wir, das Volk)

nicht ohne an einer feministischen Tagung in Berlin teilzunehmen, von der sie mir auf einer anderen Postkarte schrieb:

> [...] Die *w*eißen westdeutschen Feministinnen auf der Konferenz verursachten mir Übelkeit – wie sie mit ihren Kontakten und ihrer Solidarität mit ostdeutschen Frauen prahlten, und nicht ein Wort über den Rassismus und die Xenophobie, die gerade das ganze Land überziehen. [...] So habe ich natürlich während meiner Lesungen immer wieder über diese Blindheit gesprochen, die sie alle auf den Weg zur Vergessenheit führen würde, und dass wir ihnen nur hinterher winken könnten, wenn sie keine Ohren zum Hören und keine Münder zum Sprechen haben. [...] Und denk daran, Pan Am kann dich in neun Stunden direkt nach St. Croix bringen. [...][167]

167 Postkarte vom 6. September 1990.

Das Bild auf der Karte ist die Fotografie eines Gemäldes von Morris Louis, mit dem Titel »Point of Tranquility« (Ruhepunkt). Ich glaube, dass Audre sich im Sommer 1990 wirklich nach so einem Ort sehnte. Andererseits, die Begrenztheit ihrer Zeit ahnend, war sie so aktiv wie je, ihre eigene und die Bedeutung ihrer Visionen zu verbreiten.

Im Spätsommer 1990 hatte ich endlich die Gelegenheit, gemeinsam mit Helga Emde, Audre und Gloria I. Joseph auf St. Croix zu besuchen. Wir verbrachten sehr schöne und inspirierende Momente zusammen. In dieser Zeit hatte Audre die Idee, das fünfte *International Cross-Cultural Black Women's Studies Summer Institute* in Deutschland durchzuführen. Doch als wir, gemeinsam mit unserer Freundin Andrée Nicola McLaughlin mit den ersten Schritten zur Planung einer solchen Tagung begannen, war Audre schon wieder auf dem Weg zu einer Konferenz und Lesung auf dem US-amerikanischen Festland, ein Zwischenstopp auf ihrem Weg zu der Veranstaltung »I am Your Sister« zu ihren Ehren in Boston, auf der wir uns dann später alle trafen. Diese Veranstaltung, mit Teilnehm*erinnen aus der ganzen Welt, inspirierenden und bestärkenden Vorträgen und Workshops, war eine ganz besondere Erfahrung.

Die Postkarte mit dem Bild »Point of Tranquility« (Ruhepunkt) ist das letzte Dokument der Korrespondenz mit Audre Lorde in dieser kleinen Mappe, die ich über so viele Jahre hinweg bewahrt habe, aus der ich immer mal wieder den einen oder anderen Brief gelesen habe, wobei mir mehr und mehr die Bedeutung unserer Beziehung bewusst wurde, und was sie für beide von uns bedeutete.

Abb. 18: Berlin, Sommer 1992

Audre hielt sich nicht an ihr Versprechen an sich selbst, nach ihrer gesundheitlichen Schwäche und Erfahrungen nach dem Hurrikan, den »öffentlichen Teil« nicht überzustrapazieren. Doch als das von ihr initiierte fünfte *Cross-Cultural Black Women's Studies Summer Institute* 1991 in Deutschland stattfand, war sie zwar in Berlin, aber zu krank und schwach, um selbst teilnehmen zu können. Ich besuchte sie zweimal in der Wohnung von Dagmar Schultz. Wie immer wollte sie alles wissen, über die Teilnehmerinnen*, die Podiumsdiskussionen, das Publikum, neue Koalitionen, aber auch über Probleme und Widersprüche. Und, wie es schon zwei Jahre zuvor in Zimbabwe der Fall war, gab es natürlich auch unterschiedliche Auffassungen und Auseinandersetzungen. Ich berichtete ihr, dass z. B. eine Maorifrau eine kontroverse Diskussion entfachte, weil eine *weiße* Frau über Maoriliteratur referierte; afroamerikanische Teilnehmerinnen*, die alltäglichen Rassismus in Deutschland hatten erfahren müssen, machten die Organisatorinnen* dafür verantwortlich; afrodeutsche Teilnehmerinnen* beklagten sich darüber, dass die Hauptkonferenzsprache Englisch war, obwohl es Simultanübersetzungen gab. Teilnehmerinnen* aus Italien hatten das Gefühl, nicht hinreichend repräsentiert zu sein, und einige Teilnehmerinnen* aus den USA waren mit ihrer Unterbringung unzufrieden. Audre hörte aufmerksam zu und wiederholte dann, was sie schon nach der Konferenz in Zimbabwe gesagt hatte: »Wie gehen wir mit Unterschieden unter uns um, ohne uns dabei selbst zu zerstören?« Auch deshalb war sie sehr erfreut, dass ich ihr versichern konnte, dass die Konferenz in Deutschland dennoch ein großer Erfolg war, und eine Gelegenheit für alle Beteiligten, mehr über Gemeinsamkeiten, Differenzen und unsere gemeinsamen Ziele zu lernen.

Wir erwähnten es nicht, aber nach diesem Treffen hatten wir beide das Gefühl, dass es unser letztes war, dass wir uns in dieser Welt nicht wieder sehen würden. Zum Abschied schenkte mir Audre eine lange Kette aus Silber, aus ineinander verwobenen Kreisen verschiedener Größe. Es war eines der Schmuckstücke, die sie trug, als sie mich in meinem Haus im Frühjahr 1990 besuchte. Für mich ist es ein Symbol unserer verbundenen Geschichten, des Kreislaufs des Lebens und der Ewigkeit. Seitdem habe ich es auf meinen Reisen immer bei mir.

Unerwartet kam Audre im nächsten Jahr doch noch einmal nach Berlin. Bei unserem letzten Treffen dort wusste sie, dass ihre Zeit gekommen war. Sie war sehr enthusiastisch, als ich ihr sagte, dass meine Freundin Sigrid und ich mit der deutschen Übersetzung ihrer ausgewählten Gedichte begonnen hatten.

Ich bedauere immer noch, dass ich nicht in der Lage war, an ihrer letzten, sehr privaten Lesung in Berlin teilzunehmen, und auch nicht an ihrem Abschiedstreffen mit den afrodeutschen Frauen* in Berlin, die ihr so viel bedeuteten und zu denen sie enge Beziehungen aufgebaut hatte. Sie ging zurück nach St. Croix, zu ihrem endgültigen Ruheort. Das Telegramm, das ich ihr schickte, hat sie wahrscheinlich nicht mehr erhalten, aber ich wollte ihr einen endgültigen Abschiedsgruß senden. Ich bin meiner Freundin, Ika Hügel-Marshall zu Dank verpflichtet, die gemeinsam mit May Ayim und Dagmar Schultz in St. Croix war, als Audre diese Welt verließ. Ika hat mir bei vielen Gelegenheiten von den letzten Stunden Audres auf dieser Welt berichtet.

In allen Teilen der Welt war und ist Audre Lorde eine Inspiration für Generationen von Auto*rinnen, Wissenschaft*lerinnen und Aktiv*istinnen. In Deutschland war ihr Einfluss bahnbrechend für die Entstehung eines Schwarzen kollektiven Bewusstseins und einer Schwarzen politischen Bewegung. Viele hervorragende Essays und Bücher über Audre Lordes Leben und ihr einflussreiches Werk sind über viele Jahre hinweg von verschiedenen Auto*rinnen und Wissenschaft*lerinnen publiziert worden. An ihrem 25. Todestag sollte das englische Original dieses schmalen Bandes eine Hommage an sie und ihre transformativen Inspirationen in Deutschland aus einer literarischen und politischen, aber auch aus einer persönlichen und intimen

Perspektive sein. Dies gilt auch noch fünf Jahre danach für die deutsche Version, insbesondere in Zeiten von neuen Bewegungen gegen anti-Schwarzen Rassismus, auch hier in Deutschland, wo Audres Werke auch weiterhin eine Quelle der Kraft und Macht sein können.

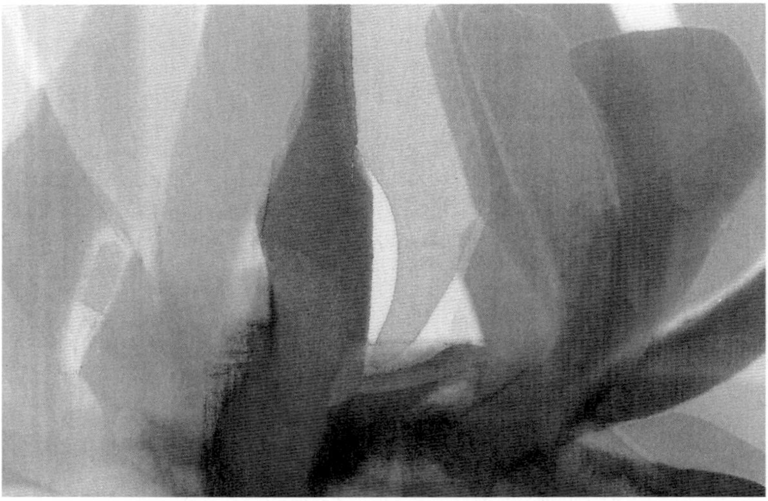

Abb. 19: »Point of Tranquility« (Ruhepunkt)

Literatur

Ayim, May. *blues in schwarz weiß.* Berlin, Orlanda Frauenverlag, 1995.

Nachtgesang, Berlin, Orlanda Frauenverlag, 1997.

Ayim (Opitz), May, Oguntoye, Katharina, Schultz, Dagmar (Hrsg.). *Farbe bekennen. Afro-deutsche Frauen auf den Spuren ihrer Geschichte.* Berlin, Orlanda Frauenverlag, 1986.

Englisch: *Showing Our Colors. Afro-German Women Speak Out.* Translated by Ann V. Adams, Foreword by Audre Lorde. UMP, 1992.

Beezmohun, Sharmilla (Ed.). *Continental Shifts, Shifts in Perspective. Black Cultures and Identities in Europe*. Cambridge Scholars Publishing, 2016.

beiträge zur feministischen theorie und praxis 23, Köln, 1988.

Bolaki, Stella, Broeck, Sabine (Hrsg.). *Audre Lorde's Transnational Legacies.* Amherst, Boston UMP, 2015.

Braxton, Joanne M., McLaughlin, Andrée Nicola (Eds.). Foreword: Audre Lorde. *Wild Women in the Whirlwind. Afra-American Culture and the Contemporary Literary Renaissance.* New Brunswick, NJ, Rutgers University Press, 1990.

Brooks, Jerome. »In the Name of the Father: The Poetry of Audre Lorde«, in Mary Evans (Ed.). *Black Women Writers 1950-1980.* New York, Anchor Books, Doubleday, 1984.

Byerman, Keith E. *Fingering the Jagged Grain. Tradition and Form in Recent Black Fiction.* Athens et al., University of Georgia Press, 1985.

Cixous, Hélène. »Le sexe ou la tète?«. In *Les Cahiers du Grief* No. 13, 1976.

Deutsch von Eva Meyer und Jutta Kranz. »Die unendliche Zirkulation des Begehrens«. Merve, 1977.

Campt, Tina. *Other Germans. Black Germans and the Politics of Race and Memory in the* Third Reich. Ann Arbor, University of Michigan Press, 2005.

Chinosole. »Audre Lorde and Matrilineal Diaspora: moving history beyond nightmare into structures for the future ...«, in Braxton/McLaughlin, S. 379-394.

Cohen, Ralph (Ed.). *The Future of Literary Theory.* New York, London, Routledge, 1989.

Collins Hill, Patrica. *Black Feminist Thought. Knowledge, Consciousness, and the Politics of Empowerment.* New York, London, Routledge, 1990.

Derrida, Jacques. »Choreographics. An Interview with Christie V. McDonald«. In *Diacritics* 12.2, 1982, S. 66-67.

Ecker, Gisela. *Feminist Aesthetics.* Boston, Beacon Press, 1986.

Espinoza, Felipe et al. *Locating African European Studies. Interventions, Intersections, Conversations.* London, New York, Routledge, 2020.

Evans, Mari (Ed.). *Black Women Writers 1950-1980. A Critical Evaluation.* New York et al., Anchor Books/Doubleday, 1984.

Gates, Henry Louis, Jr. (Ed.) *»Race«, Writing, and Difference.* Chicago, London, University of Chicago Press, 1986.

Black Literature and Literary Theory. New York, Methuen, 1984. Rprt. New York, London, Routledge, 1990.

Gnüg, Hiltrud, Möhrmann, Renate (Hg.). *Frauen – Literatur – Geschichte. Schreibende Frauen vom* Mittelalter bis zur Gegenwart. Stuttgart, J.B. Metzler, 1985.

Hall, Joan Wiley. *Conversations with Audre Lorde.* Jackson, UPM, 2004.

Hügel-Marshall, Ika. *Invisible Woman*, New York et al., Peter Lang, 2008.

»ADEFRA – Die Anfänge. Ein Gespräch mit Ria Cheatom, Jasmin Eding und Judy Gummich«, in Kraft, 2015.

Daheim Unterwegs. Ein deutsches Leben. Münster, Unrast, 2020.

Hull, Gloria T., Bell Scott, Patricia, Smith, Barbara (Eds.). *All the Women Are White. All the Blacks Are Men. But Some of Us Are Brave.* Black Women's Studies. Old Westbury, New York, The Feminist Press, 1982.

Hurston, Zora Neale. *Their Eyes Were Watching God.* Urbana, Chicago, London, University of Illinois Press, 1978.

Deutsch von Hans-Ulrich Möhring. *Vor ihren Augen sahen sie Gott.* Gräfelfing, edition fünf, 2011.

Ibacka Valiente, AnouchK. Vertrauen, Kraft und Widerstand. Berlin, w_orten & meer, 2005.

Joseph, Gloria I. *The Wind Is Spirit. The Life, Love and Legacy of Audre Lorde. A Bio/Anthology.* Villarosa Media, 2016.

Kraft, Marion. »The Creative Use of Difference. An Interview with Audre Lorde«. In EAST, 1986 (a). Rprt. in Hall, 2004.

Deutsch: »Vom kreativen Nutzen der Verschiedenheit«, in Piesche, 2012.

»Black Women Writers«. In *EAST* (Englisch Amerikanische Studien). Münster, 2/1986 (b).

»›The Bluest Eye‹ and ›Black Eyed Susans‹ – Teaching Black Women's Literature«. In *EAST* 1/1987, S. 109-119.

»Between Aversion, Alibi and Acknowledgement. White Feminism and Black Women's Literature in Germany«. In *Trivia – A Journal of Ideas*, Vol. 14. Amherst, MA, Spring 1989, S. 52-58.

The African Continuum and African American Women Writers. Their Literary Presence and Ancestral Past. New York et al. Peter Lang Verlag, 1995.

»Bonds of Sisterhood – Breaking of Silences«. In Bolaki, Broeck, 2015 (a), S. 41-46.

»Building Cross-Cultural Bridges – Audre Lorde's Liaison with Black Germany«. In Beezmohun, 2016, S. 25-32.

Empowering Encounters with Audre Lorde. Münster, Unrast-Verlag, 2018.

Kraft, Marion, Shamim Ashraf-Khan, Rukhsana (Hrsg.). *Schwarze Frauen der Welt, Europa und Migration.* Berlin, Orlanda, 1994.

Kraft, Marion (Hrsg.). *Kinder der Befreiung. Transatlantische Erfahrungen und Perspektiven Schwarzer Deutscher der Nachkriegsgeneration.* Münster, Unrast-Verlag, 2015 (b).

Kraft, Marion (Ed.) *Children of the Liberation. Transatlantic Experiences and Perspectives of Black Germans of the Post-War Generation.* Peter Lang Academic Publishers, Oxford, New York, 2019.

Lewis, Vashti Crutcher. »African Tradition in Toni Morrison's Sula«, in Braxton/McLaughlin, S. 316-325.

Lorde, Audre. *Undersong: Chosen Poems Old and New, Revised.* New York, W. W. Norton & Company, 1970, 1992.

From a Land Where Other People Live. Detroit, Broadside Press, 1973.

Between Ourselves. Berkeley, Point Reyes Editions, 1976.

The Black Unicorn. Poems. New York, W. W. Norton & Company, 1978.

Sister Outsider. Essays and Speeches. Freedom, CA, The Crossing Press Feminist Series, 1984 und 2007.

Deutsch von Eva Bonné und Marion Kraft: Sister Outsider. München, Carl Hanser Verlag, 2021.

Zami – A New Spelling of My Name. A Biomythography. New York, Crossing Press of Random House, 1985 (a).

Deutsch von Karen Nölle: *Zami – Eine neue Schreibweise meines Namens. Eine Mythobiografie.* Münster, Unrast-Verlag, 2012.

The Cancer Journals. San Francisco, Spinsters Ink., 1980, London, Sheba Feminist Publishers, 1985 (b).

Our Dead Behind Us. Poems. New York, W.W. Norton & Company, 1986.

A Burst of Light. Firebrand Books, Ithaka, New York, 1988 (a).

Deutsch von Margarete Längsfeld: *Lichtflut.* Berlin, Orlanda Frauenverlag, 1988 (b).

»Is Your Hair Still Political?« In: *The Daily News.* Christiansted, St. Croix, March 13, 1990, S. 13-15.

The Marvelous Arithmetics of Distance. Poems 1987-1992. New York, W. W. Norton & Company, 1993.

Auf Leben und Tod. Audre Lorde. Krebstagebuch. Erweiterte Auflage, Berlin, Orlanda Frauenverlag, 1994.

Die Quelle unserer Macht. Gedichte (Zweisprachige Ausgabe – aus dem US-amerikanischen Englisch von Marion Kraft und Sigrid Markmann). Berlin, Orlanda, 1994, Münster, Unrast-Verlag, 2020.

Martin, Peter und Alonzo, Christine (Hg.). *Zwischen Charleston und Stechschritt. Schwarze im Nationalsozialismus.* Hamburg, Dölling und Galitz Verlag, 2004.

Mazòn, Patricia, Steingrövel, Reinhild. *Not so Plain as Black and White. Afro-German Culture and History 1890-2000.* University of Rochester Press, 2000.

Markmann, Sigrid (Hrsg.). *Audre Lorde. Poetry Is No Luxury – Dichten ist kein Luxus.* Osnabrücker Bi-Linguale Editionen, 1993.

Michael, Theodor Wonja. *Deutsch sein und Schwarz dazu. Erinnerungen eines Afro-Deutschen.* München, dtv, 2013.

Nölle-Fischer, Karen (Hrsg.). *Mit verschärftem Blick – Feministische Literaturkritik.* München, Frauenoffensive, 1987.

Olson, Tillie. »One out of Twelve: Women who are Writers in our Century«. In: *Silences,* 1978, The Feminist Press, 2003.

Piesche, Peggy. *Euer Schweigen schützt euch nicht. Audre Lorde und die Schwarze Frauenbewegung in Deutschland.* Berlin, Orlanda, 2012.

Schaaf, Gabriela. »Feministische Forschung/Frauenforschung« in Englisch Amerikanische Studien 1/87, S. 55-57.

Schröder, Hannelore (Hrsg.). *Die Frau ist frei geboren. Texte zur Frauenemanzipation.* Vol. II 1970-1918. München, 1981.

Schultz, Dagmar (Hrsg.). *Audre Lorde, Adrienne Rich, Macht und Sinnlichkeit. Ausgewählte Texte.* Erweiterte Ausgabe. Berlin, Orlanda, 1991.

Smith Barbara. *Toward a Black Feminist Criticism.* University of Illinois Press, 1977.

Tate Claudia (Ed.). *Black Women Writers at Work.* Harpenden Herts, Old Castle Books, 1985.

Usleber, Thomas. »Das Schweigen der Guten«. In: Kraft, 2015 (b), S. 97-113.

Walker, Alice. *In Search of our Mothers' Gardens.* New York, Harcourt, Brace, Jovanovich, 1983.

Wall, Cheryl A. (Ed.). *Changing Our Own Words. Essays on Criticism, Theory and Writing by Black Women.* New Brunswick, London, Rutgers University Press, 1991.

Bildnachweise

Umschlag Titelbild: Dagmar Schultz

1 Marion Kraft
2 Dagmar Schultz
3 Marion Kraft/Rima Atha/3rd Feminist Book Fair, Montreal
4 Marion Kraft
5 Unrast Verlag
6 Ika Hügel-Marshall/Unrast-Verlag
7 Audre Lorde
8 Dagmar Schultz
9 Marion Kraft
10 Dagmar Schultz/FU Berlin
11 Dagmar Schultz
12 AfroTalk Cybernomades, Berlin
13 Bezirksamt Friedrichshain-Kreuzberg, Berlin/Dagmar Schultz
14 Gloria Joseph
15 Marion Kraft
16 Maude Pierre-Charles, 1987
17 Audre Lorde
18 Marion Kraft
19 Smithsonian Institution, 1982

Umschlag innen: Marion Kraft

Anmerkungen zum Sprachgebrauch

Die deutsche Sprache ist in vielerlei Hinsicht sperrig, vor allem, wenn es um die Dekonstruktion rassistischer Fremdbezeichnungen geht. Entgegen aller, nicht nur linguistischer Zuschreibungen, werden hier seit Jahrzehnten gängige Selbstdefinitionen von Menschen der afrikanischen Diaspora verwendet. Demzufolge wird Schwarz als sozialpolitische Kategorie, die sich auch im deutschsprachigen Diskurs inzwischen etabliert hat, auch in adjektivischer Verwendung groß geschrieben. Diese sozialpolitische Selbstdefinition bezieht sich nicht auf Hautfarbe oder andere biologistische Fremdkonzepte, sondern setzt einen Kontrapunkt gegen rassistische und eurozentristische Machtpositionen, in denen die Kategorie *w*eiß den beherrschenden Referenzrahmen bildet. Aus diesem Grund wird der Anfangsbuchstabe dieses Begriffes hier kursiv gesetzt. Demgegenüber stehen nicht nur Schwarze, sondern auch andere rassifizierte Minderheiten, für die hier der Begriff People of Color/Frauen of Color verwendet wird, die gemeinsam mit Schwarzen Menschen, wie Audre Lorde schon vor dreißig Jahren feststellte, 7/8 der Weltbevölkerung bilden.

Während die Begriffe Schwarz und People of Color schon seit Jahrzehnten im englischsprachigen Raum gebräuchlich sind, hat sich auch in feministischen* Diskursen in den vergangen Jahren ein neues Bewusstsein entwickelt, weg von heteronormativen und binären Vorstellungen, hin zu einer vielfältigen Definition der Kategorie Gender. Deshalb wird hier das Asterix (*) als Marker für die Vielfalt von Genderidentitäten verwendet. Sind alle Menschen gemeint, steht das Asterix nach dem (gedachten) Wortstamm (Les*erinnen), bei weiblich* gemeinten Gruppen am Wortende (Frauen*), d. h. es werden auch lesbische, trans* und andere nicht-binäre selbstdefinierte weibliche* Gruppen miteinbezogen. Bei Männern, als Träger patriarchaler Machtstrukturen, wird das Asterix hier nur verwendet, wenn klargestellt werden soll, dass hier auch schwule, trans, queere etc. Männer* gemeint sind.

Ich begreife dies als Ausdruck einer Sprache im Wandel, als Sprache als Machtinstrument, aber auch als Waffe im Kampf für Veränderungen. Dass Sprache nicht statisch ist, sondern sich auch in politischen Bewegungen weiterentwickelt, kann auch eine hilfreiche Erkenntnis sein, im gegenwärtigen Diskurs über die Verbannung von rassistischen Begriffen aus unserem Sprachgebrauch, die Umbenennung von Straßen und Plätzen im öffentlichen Raum, die notwendige Akzeptanz in der Mehrheitsgesellschaft von Selbstdefinitionen von Minderheiten.

Mit Ausnahme der Begriffe Schwarz und People of Color, weiche ich von dem hier umrissenen Sprachgebrauch in dieser Textsammlung ab, da, wo es sich um Zitate – auch in der Übersetzung – aus anderen Originaltexten handelt. Diese begreife ich auch als historische Dokumente, aus denen wir auch lernen können, dass Sprache nicht statisch ist, sondern sich mit dem Lauf der Geschichte, unseren politischen Anschauungen und sich verändernden Machtverhältnissen wandelt. In den Kämpfen um Macht und Deutungshoheiten ist das Wort eine Waffe. Auch diese Erkenntnis bleibt aus den Werken Audre Lordes.

Marion Kraft, Frühjahr 2021

AnouchK Ibacka Valiente (Hg.)
Vertrauen, Kraft & Widerstand.
Kurze Texte und Reden von Audre Lorde

Mit ihren Gedichten, Texten und Reden wollte Audre Lorde das Schweigen über Rassismus_Sexismus_Klassismus in politischen Aktivismus transformieren.
Der Band bietet mit elf kurzen Texten und Reden von Audre Lorde eine pointierte Einführung in die Ideen ihres politischen Handelns. Eindringlich formuliert Audre Lorde hier ihre noch immer aktuelle Dominanzkritik sowie Ansätze zu diskriminierungskritischem Aktivismus: von sprachlichen Interventionen bis zur Schaffung politischer Bündnisse über Differenzen hinweg.

Herausgegeben von AnouchK Ibacka Valiente
Aus dem US-amerikanischen Englisch: Pasquale Virginie Rotter
112 Seiten | 11 x 16,3 cm | Softcover
ISBN: 978-3-945644-03-4 | 9,00 €

w_orten & meer –
Verlag für verbindendes diskriminierungskritisches Handeln

w_orten & meer ist ein non-profit Verlag ~ Bücher und Publikationen sind für uns eine wertschätzende Gestaltung von Welt. Wir verlegen Bücher, die zu intersektionaler Gewalt empowernde Perspektiven eröffnen und neue Ausdrucksweisen anbieten.

Der Verlag arbeitet sozial und ökologisch nachhaltig: bei der Herstellung und dem Transport der Bücher, beim Einrichten und Unterhalten des Büros und auf der Ebene der Bezahlung von Menschen, die an den verschiedenen Produktionsschritten für ein Buch beteiligt sind.

Weitere Informationen zu unserer Arbeitsweise sowie unser Gesamtprogramm finden sich auf unserer Webseite:
www.wortenundmeer.net